AF671517

Hartmut Walravens

Br. Berchmans Brückner SVD und die *Ars Sacra Pekinensis*

Briefwechsel mit dem Kunsthändler Walter Exner (1911–2003)

BoD

Bibliographische Information der Deutschen Nationalbibliothek:
Die Deutsche Nationalbibliothek verzeichnet diese Publikation in der Deutschen Nationalbibliografie; detaillierte bibliographische Daten sind im Internet über http://dnb.dnb.de abrufbar.

Das Umschlagbild zeigt Br. Berchmans an seinem Schreibtisch in Rom 1970

ISBN 9783752820850

© 2018 by Hartmut Walravens

Herstellung und Verlag:
BoD – Books on Demand, Norderstedt

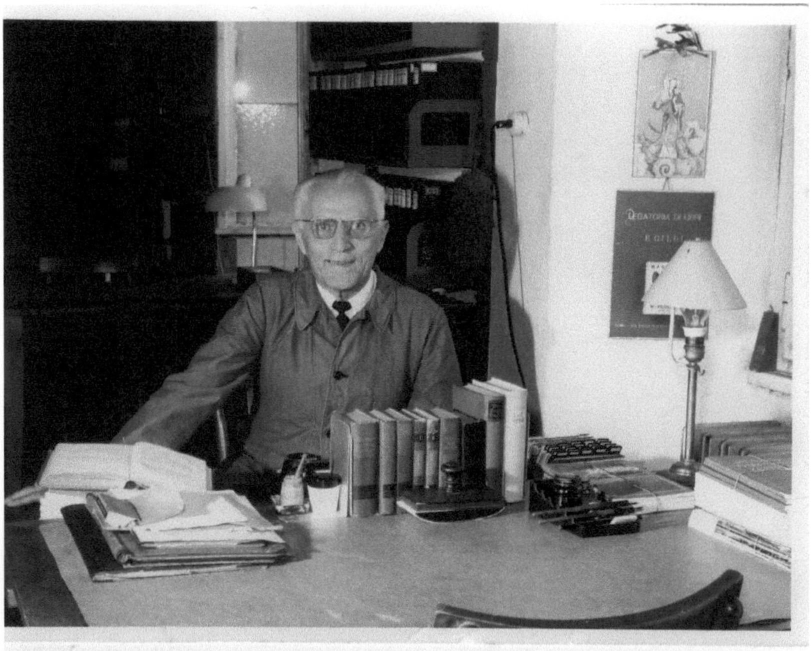

„Zur Erinnerung an Br. Berchmans S.V.D. (Franz Brückner). Neujahr 1970“

FSC
www.fsc.org
MIX
Papier aus verantwortungsvollen Quellen
Paper from responsible sources
FSC® C105338

Inhalt

Vorbemerkung

Die jüngsten Veröffentlichungen von Prof. Leo Leeb in Peking über Br. Berchmans Brückner (1891–1985)[1] erinnerten Ref. daran, daß er als Geschenk von Frau Lisl Exner einen kleinen Briefwechsel zwischen Br. Berchmans und Walter Exner (1911–2003) samt einigem Bildmaterial besaß. Das Material erwies sich als interessant genug für eine ergänzende Publikation, als es einige Information über die Autoren der Briefe wie auch die Ars Sacra Pekinensis liefert. Zur Anreicherung des Büchleins dienen autobiographische Aufzeichungen von Walter Exner und eine biographische Skizze von Lisl Exner, beide bereitgestellt von Frau Uta Exner-Horlacher, der für ihre Freundlichkeit bestens gedankt sei. Als weitere Ergänzungen werden abgedruckt Br. Berchmans Liste der von ihm gesammelten Stücke der Ars Sacra nach einem Sonderdruck aus dem Nachlaß Exner, da diese Veröffentlichung außerhalb der SVD kaum zugänglich ist, sowie eine vorläufige Liste der Veröffentlichungen des Siebenberg-Verlages, die auf Grund von Beständen in öffentlichen Bibliotheken angefertigt wurde. Diese Liste ist sicherlich nicht vollständig, da insbesondere kleine Bücher von nur wenigen Seiten von Bibliotheken nicht gesammelt wurden und werden und der Verlag auch in größerem Umfang Bildpostkarten herausbrachte, die ebenfalls nicht systematisch gesammelt und verzeichnet werden. Sie wird aber eine Grundlage für eine intensivere Beschäftigung mit dem Verlag sein.

Für die zitierte Literatur sei auf die Bibliographie am Schluß verwiesen.

Die Umschrift der chinesischen Namen wurde übernommen; in Anmerkungen und Zusätzen wird die heute gebräuchliche Pinyin-Umschrift verwendet. Im Register sind beide Formen nachgewiesen.

---

1 Vgl. die Bibliographie am Schluß.

Br. Berchmans Brückner SVD und die Ars Sacra Pekinensis

Franz Brückner (1891–1985, chin. Name: Bailinai 白立鼐), aus einer Wiener Schneiderfamilie, der 1919 bei seinem Eintritt als Postulant in die Societas Verbi Divini den Ordensnamen Berchmans annahm, ist nur in einem kleinen Kreis von Ordensleuten und Kunsthistorikern bekannt als ein wichtiger Anreger und Förderer einer neuartigen christlichen Malschule, die an der Katholischen Furen-Universität in Peking ihren Ausgang nahm. Nach dem Buch von Fritz Bornemann ist sie heute als Ars Sacra Pekinensis bekannt.

Bilder und Illustrationen haben die christliche Mission in China von Anfang an begleitet, wenn auch die erhaltenen Nachrichten darüber spärlich sind. Sowohl die Nestorianer während der Tang-Dynastie wie auch die Franziskaner während der Mongolenzeit unterstützten ihre Missionsarbeit mit bildlichen Mitteln. Ausführlichere Informationen liegen erst seit dem Neubeginn der Mission mit Matteo Ricci (1552–1610) zum Ende der Ming-Dynastie vor. Bilder aus europäischen Quellen wurden im Original verwendet, so auch als Geschenke für den Kaiser und die Gebildeten, oder in leicht sinisierter Form nachgeschnitten. Im 19. Jahrhundert gab es Initiativen der beiden großen Konfessionen, die Darstellungen mehr im chinesischen Geist zu präsentieren, aber als der Apostolische Legat von China, Celso Costantini (1876–1958), 1923 ein Schreiben an zwei Ordensobere in China[2] richtete, regte er einen neuen erfolgversprechenden Versuch an, von europäischen zu chinesischen Konzepten überzugehen. Die Notwendigkeit einer solchen Maßnahme wurde zwar durchweg anerkannt, aber die Ausführbarkeit problematisch gesehen. 1928 sah Costantini bei einer Ausstellung Porträtdarstellungen eines jungen Malers, Chen Yuandu 陳緣督 (1902–1967), und er ermutigte ihn, Marienbilder zu malen, wozu der Bischof ihm Vorlagen der

2 L'université de l'art chrétien. Lettre addressée par Mgr. le Délégué Apostolique à deux Supérieurs de Missions. *Bulletin de la Société des Missions-Etrangères* 3.1924, 20–25.

italienischen Renaissance zur Verfügung stellte. Als an der 1925 ins Leben gerufenen Katholischen Universität eine Kunstabteilung eingerichtet wurde, die 1931–1948 unter der Leitung des Mandschuprinzen Pu Xuezhai 溥雪齋 (1893–1966) stand, einem anerkannten Fachmann für die chinesische Malerei, wurde Chen als Lektor berufen. 1933 wurde Br. Berchmans Brückner, der seit seiner Ankunft in China (Ende 1923) im wesentlichen in Shandong an Schulen unterrichtet hatte (er besaß das österreichische Lehrerexamen), zum Leiter der Abteilung Westliche Malerei ernannt, eine Stellung, die er bis 1949 innehatte. Die Idee einer neuen christlichen chinesischen Kunst erhielt Auftrieb und Beifall im Zusammenhang mit einer Schulausstellung 1934, wozu Br. Berchmans die Studenten ermunterte, Weihnachtsdarstellungen zu malen. Der Erfolg dieser Aktion führte zu verstärkter Konzentration auf biblische Themen, und durch weitere Ausstellungen, so in Shanghai 1935[3], an der Furen selbst und wieder in Shanghai 1950 sowie in Rom 1950[4], wurde die Kunstwelt auf die neue Ars Sacra aufmerksam. Da sich die Bilder relativ gut verkauften, bestand für die Studenten auch ein materieller Anreiz, sich mit christlichen Themen zu profilieren.

Neben Chen Yuandu, der 1931 Christ wurde, den Namen Lukas annahm und 1932 Leiter der Abteilung Chinesische christliche Kunst wurde, sind als hervorragende Vertreter der neuen Richtung zu nennen: Wang Suda (Georg) 王肅達 (1911–1963), der 1933–1936 an der Kunstabteilung studierte und dann als Kunstlehrer an der Mittelschule wirkte. – Lu Hongnian (Johann) 陸鴻年 (1914–1989) studierte ebenfalls 1933–1936 an der Kunstabteilung und lehrte dann an der Mittelschule; 1944 wurde er Lektor, 1945 Sekretär der Kunstabteilung. – Liu Yanbin 劉彥斌 (1919–2013) studierte 1939–1942 an der Frauenabteilung der Universität und verblieb anschließend dort als Assistentin. 1949 kamen die optimistischen Pläne für die weitere

3 Vgl. Sepp Schüller: Die christliche Kunstausstellung zu Shanghai 1935. *Die Katholischen Missionen* 64.1936, 150–154.

4 Vgl. *Mostra* 1950; F. Pilhatsch: Die Missionskunstschau in Rom. *Zeitschrift für Missionskunde und Religionswissenschaft* 35.1951–156.

Entwicklung der christlichen Kunstabteilung und einer noch 1949 ins Auge gefaßten Forschungsabteilung für katholische Kunst zu einem raschen Ende: Der politische Wandel führte zum Umzug der Universität nach Taiwan und damit zu neuen Herausforderungen und Prioritäten. Die chinesischen Lehrer und Studenten wurden vom neuen Regime für andere Aufgaben eingesetzt – dies war das Ende der Ars Sacra Pekinensis, die jedoch in der Dokumentation von Fritz Bornemann und anderen Arbeiten fortlebt und die Br. Berchmans in seiner umfassenden Sammlung von Bildern (vorwiegend Fotos) festgehalten hat. Seine Liste ist in diesem Büchlein (mit freundlicher Genehmigung der SVD) abgedruckt.

Br. Berchmans kehrte in seine Heimat zurück und wurde in der Folge als Bibliothekar der SVD-Bibliothek in Rom eingesetzt. Daß ihm die Entwicklung der christlichen chinesischen Kunst auch weiterhin ein Herzensanliegen war, geht aus dem nachfolgenden Briefwechsel mit dem Kunsthändler und Verleger Walter Exner hervor. Die Briefe, die weitgehend für sich sprechen, dokumentieren Br. Berchmans' Bemühungen um eine Neuauflage von Bornemanns *Ars Sacra*, die aber schließlich aus Kostengründen nicht zustande kam, ebenso wie von Exner geplante Bildmappen zum Thema. Lediglich einige Postkarten wurden gedruckt, die im Folgenden reproduziert sind. Am Beeindruckendsten sind die Einfachheit, Aufrichtigkeit und große Herzensgüte, die aus allen Schreiben Br. Berchmans' herausstrahlen.

Br. Berchmans' Leben und die Entwicklung der Ars Sacra Pekinensis sind hier nur ganz kurz referiert, da die in der Bibliographie genannten Arbeiten darüber zuverlässig Auskunft geben und hier nicht dupliziert werden müssen. Lediglich ein Aspekt sei hier angesprochen, der von Horst Rzepkowski zusammenfassend dargestellt worden ist, nämlich die Rezeption und Wertung der neuen christlichen Kunst. Br. Berchmans' Einstellung – die eines Hauptbeteiligten – ist hier von besonderem Interesse: „Klar scheint mir aber dies zu sein: Wir nichtchinesischen Missionare freuen uns der Heimischwerdung christlicher Kunst mehr und wir unterstützen dieselbe mehr (soweit unsere geringen Mittel es erlauben) als die

Mehrzahl der einheimischen Christen. Ist das, weil unsere Christen doch durchschnittlich ärmeren, bäuerlichen Volksklassen angehören, die sich mit Kunstfragen weniger befassen, für die 10 Dollar schon ein sehr bedeutender Betrag ist? Ist es, weil das, was wir gute alte Kunst nennen, in den Augen moderner Chinesen selbst an Wert verloren hat? Denn viele verbinden damit Begriffe wie Rückständigkeit u.ä. Manchen Christen endlich scheint die chinesisch-christliche Malerei die Grenzen zwischen Buddhismus, Dauismus und Katholizismus allzusehr zu verwischen. Endlich fällt für den Chinesen, der ein chinesisch gemaltes Bild sieht, der Reiz des Exotischen weg, der dem Chinesen wie dem Nichtchinesen ein Bild anziehender macht. Ist es angesichts dieser Haltung unserer Christen nicht nutzlos, die christliche Kunst zu verchinesieren? Nein! Nach ihrer alten Geschichte gibt es, so scheint mir, nichts, worauf die Chinesen mit Recht so stolz sind wie auf ihre große, alte Kunst. Daß wir diese achten, auch wenn sie (die Chinesen) selbst in der Achtung davor unsicher werden, tut ihnen allen sehr wohl, und sie betrachten uns weniger als Fremde. Die in Kunstfragen Eingeweihten wissen wie wir, daß jedes Volk seine volkseigene Kunst hat, daß die Palme nicht in Sibirien und die Föhre nicht in der Sahara gedeiht, daß ein Apfelbaum, nach hier verpflanzt, in wenigen Jahren aufhört, Früchte zu tragen. So hoffen wir, durch das Christentum die alte, große chinesische Kunst zu beleben und ihr neuen Inhalt zu geben. Eine weitere, ebenso wichtige Bereicherung der chinesischen Kunst wird es sein, wenn die Chinesen sich dem Naturstudium zuwenden, das ewige Kopieren berühmter Meister aufgeben werden.“[5]

Die Problematik zeigt Rzepkowski konkret am Beispiel von Bildern von Lukas Chen auf: „Bei einer ganzen Reihe der Bilder ist es deutlich sichtbar, daß hier zwei Bilder verschmolzen werden. Da ist einmal die Komposition und Darstellung des biblischen Geschehens, das durch europäische Bilder angeregt und von hier übernommen wird. Es wird zwar in chinesischer Kleidung, Schmuck, Lichtverteilung, Farbverständnis und der so wichtigen chinesischen Linienfüh-

5 B. Brückner: Äußerungen für einheimische Kunst in China. *Die christliche Kunst* 32.1935/36, 222.

rung erstellt, stellt aber in seiner Geschlossenheit von Aufbau und Gruppierung eine in sich schlüssige Einheit dar. Diese Gruppe ist nun in ein chinesisches Bild gesetzt, das durchaus auch selbständig und ohne die Personengruppe bestehen könnte. Details an der Behandlung der Personen und die Hintergrundgestaltung der Bilder waren zwar recht chinesisch, die Hauptfiguren aber in ihrer Erfassung europäisch dargestellt. Es kommt zu einer Kunstrichtung, in der italienische Kunst mit der chinesischen Tradition verknüpft wird.

Das damit erstehende geistesgeschichtliche und theologische Moment ist weitaus schwieriger. Die europäische Vorlage ist einer bestimmten europäischen Zeitepoche und einem fest umschriebenen Kunstverständnis zugeordnet und damit die Deutung des Evangeliums und der biblischen Botschaft in ein zeitgebundenes Verständnis, eine andere kulturelle Umwelt und in einen anderen soziokulturellen Kontext gestellt. Es kommt so eigentlich nicht zu der erstrebten neuen Deutung des biblischen Textes in einem neuen kulturellen Zusammenhang. Es werden folglich nur die biblischen Texte in einem neuen Umfeld angesiedelt. Sie werden darin nicht beheimatet, sondern wie die Personengruppen in den Bildern chinesisch umkleidet. Es kommt nicht zur Neuinterpretation und zur zentralen Umsetzung der christlichen Botschaft im chinesischen Kulturzusammenhang.“[6]

Diese Zitate mögen einen Eindruck von der damaligen Diskussion um den neuen Stil christlicher Darstellungen der Furen-Malschule geben. Nach den grundlegenden Veränderungen der letzten 80 Jahre in China, der Entwicklung der Kunstauffassungen wie auch den Fortschritten der Theologie wäre eine Neuevaluierung der Ars Sacra Pekinensis insbesondere aus chinesischer Sicht sehr zu wünschen!

---

6 Rzepkowski 1992, 151.

Aus „Mein Lebenslauf“ von Walter Exner

1811 Großvater

Mein Urgroßvater Johann, 1811 in Friedland geboren, zog 1850 nach Wien, wo er eine Slowakin, angeblich von der Schüttinsel in der Donau (Ungarn), heiratete. Sie soll eine sehr liebe Frau gewesen sein. Dieser Urgroßvater kann kein Kind von Traurigkeit gewesen sein. Denn auf der Rückfahrt von einer Landpartie – zu solchen Ausflügen benutzten die Wiener sogenannte Zeiselwega, einfache Bauernleiterwagen mit über die Seitenwände gelegten Sitzbretter – ging mein Urgroßvater auf der Rückfahrt, von den anderen unbemerkt, verloren. Man fand ihn später mit gebrochenem Genick im Straßengraben.

Mein Großvater Josef Johann Exner trat in die Fußstapfen seines Vaters. Der Hufschlag seines Pferdes traf seine Leber und so ließ er im Alter von 45 Jahren Frau und 5 Kinder als Halbwaisen zurück. Er hatte eine Frau, Christiane, die noch zu Fuß aus Asch in Böhmen nach Wien gegangen war. Weil sie evangelisch war, waren die ersten 5 Kinder auch evangelisch und die weiteren 4 aus der 2. Ehe, die bald nach der Geburt starben, katholisch getauft worden. Meine Großmutter musste nun mit Heimarbeit für sich und die Kinder sorgen, die ihrerseits gezwungen waren, so rasch wie möglich auf eigenen Füßen zu stehen.

1882 Vater

Mein Vater, als zweiter Sohn und drittes Kind wurde am 4.1.1882 in Wien geboren. Er hatte noch 2 Brüder, Josef und Karl, und eine Schwester namens Emma.

Als mein Großvater starb, war mein Vater Anton Exner 13 Jahre alt. Er verbrachte einen Teil seiner Kindheit in der Nähe Wiens, im Dorf Lassee im Marchfeld. Später übersiedelte die Familie nach Hainburg an der Donau, wo er die Volksschule besuchte. Mein Vater war ein begabter und strebsamer Schüler, bildete sich in Kursen weiter, wurde Kontorist und später Vertreter einer Schuhfabrik. Mit dem Ziel, sich einmal in der Welt umzusehen, lernte er Englisch. Er war begeisterter Ruderer, Mitbegründer des Rudervereins Austria und wurde als Sieger in vielen Bewerben bekannt.

Bedauerlicherweise ist es mir nicht möglich, näheres über das Leben meines Vaters in den Jahren vor dem Ersten Weltkrieg mitzuteilen, weil in meiner Jugend kaum von der Vergangenheit, sondern nur von der Gegenwart und Zukunft gesprochen wurde. Doch kann ich aus erhaltenen Reisepässen einige Schlüsse ziehen. So liegt der am 15. August 1908 ausgestellte erste Reisepaß vor, der dem damaligen Buchhalter Anton Exner mit einjähriger Gültigkeit für Amerika ausgestellt worden war. Anscheinend hatte er seine Reise dorthin knapp vor Jahresende angetreten, denn öfter war davon die Rede, dass mein Vater Glück gehabt hätte. Denn wenige Tage nachdem sein Schiff von Triest kommend, dem Haupthafen der ehemaligen österreichisch-ungarischen Monarchie an der Adria, die Straße von Messina durchfahren hatte, ereignete sich dort am 28. Dezember 1908 ein schreckliches Erdbeben:

Eine drei Meter hohe Flutwelle tötete 84.000 der 120.000 Einwohner der Stadt. Wäre er wenige Tage später abgereist, hätte auch mein Vater ein Opfer dieser Katastrophe werden können.

Leider enthält der von meinem Vater mit Nr. 1 bezeichneten Reisepass keinen einzigen Hinweis auf weitere Reisen, weil es damals noch keine Sichtvermerke gab. Der nächste mit Nr. 2 bezeichnete Pass wurde am 12. Juni 1912 dem inzwischen selbstständig gewordenen Gemischtwarenhändler Anton Exner „nach allen Staaten der Erde“ ausgestellt.

Im 28. Lebensjahr, am 8. September 1908, folgte er also dem Beispiel seines inzwischen in die Vereinigten Staaten ausgewanderten älteren Bruders und verließ, zusammen mit einem Schulfreund, die Heimat, um herauszufinden, welche Möglichkeiten sich ihm in Kanada oder in den Staaten bieten würden. Er begann als Geschirrwäscher, war Kesselputzer und erhielt letztlich eine gut bezahlte Stelle als Geometer in Seattle. Sein Freund blieb, ihn aber zog es zurück in die Heimat, weil dort eine Frau war, derentwegen es zwischen ihm und seinem älteren Bruder einen erbitterten Kampf gegeben hatte und weshalb es zwischen den beiden keine Beziehung mehr geben sollte.

Vor seinem Aufenthalt in Amerika hatte mein Vater, der in Wien schon englisch gelernt hatte, seinen Unterhalt als kaufmännischer Vertreter verdient.

Den vorliegenden Pässen zu entnehmen, reiste mein Vater 15 mal nach Ostasien, was dreißig Reisen ergibt. Einschließlich der ersten Weltreise 1908 bis 1910, in den Jahren 1910, 1911, 1913, 1914, 1922, 1924, 1925, 1926, 1927, 1928, 1929, 1930, 1935 und 1937. Er benützte von drei oder vier Anreisen über die U.S.A. stets die damals schnellste Verbindung, die Transsibirische Eisenbahn. An- und Rückreisen zusammen ergeben 30 Reisen, auf die in Berichten öfters hingewiesen wurde.

Meine Mutter, geborene Mathilde Adele Ludwig, war die Tochter eines Webers in Asch. Sie war von Kind auf kurzsichtig und später eine der ersten Frauen, die in der Öffentlichkeit eine Brille trugen. Als tüchtige Bürokraft wurde sie von ihrer Firma nach Wien versetzt, gewiss eine Auszeichnung und ein Vertrauensbeweis. Soweit feststellbar, stammten ihre Vorfahren aus Asch oder dessen nächster Umgebung, einige waren aus Chemnitz und Erfurt hierher gezogen. Unter meinen 66 bekannten Vorfahren finden sich keine Bauern, alle waren sie Handwerker oder bescheidene Häusler. Wenn es früher hieß, zur Kennzeichnung eines echten Wieners gehört eine böhmische Großmutter, erfülle ich diese Bedingung spielend, denn beide Großmütter sowie ein Großvater waren Böhmer und kein einziger Tscheche.

Meine Mutter wurde von ihrer Firma in Asch in die Buchhaltung der Zweigstelle Wien versetzt und lernte meinen Vater kennen, weil es in Wien eine „Hung (jung) Ascher Gmoi“ (Gemeinde) gab, in der sich die in Wien lebenden Ascher regelmäßig trafen.

Mitgebrachte kunstgewerbliche Gegenstände, insbesondere japanische Seidenblusen, die er Händlern zum Kauf anbot, wurden ihm förmlich aus der Hand gerissen. So entschloss er sich, noch im November des gleichen Jahres, wieder nach Ostasien zu reisen, um die begehrten Waren zu beschaffen. Allerdings verfügte mein Vater damals allein nicht über die notwendigen Mittel, um die benötigte Ware zu kaufen und bezahlen zu können. Deshalb stellte meine Mutter ihm ihre ganze Ersparnisse zur Verfügung. Aber meine Mutter konnte auch eine beträchtliche Summe von 10.000 Kronen beschaffen, die ihr ein befreundeter Fabrikant – der meiner Mutter vertraute – zur Verfügung stellte.

1911 Hochzeit und Geburt Walters

Bereits im Januar 1911 traf er wieder in Wien ein – die Sibirische Eisenbahn ermöglichte verhältnismäßig kurze Reisezeiten von gut 2 Wochen – und eröffnete sein bald bekanntes Geschäft für ostasiatische Kunst und ostasiatisches Kunstgewerbe in der neugemieteten Wohnung in der Lerchenfelderstrasse 66 mit großem Magazin im Keller. Damit gleichzeitig fand auch am 26. Februar die Hochzeit statt.

Ziemlich pünktlich neun Monate nach der Hochzeit meiner Eltern wurde ich am 13. November geboren, knapp zwei Jahre später folgte meine Schwester Edith. Obwohl meine Mutter, anderthalb Jahre älter als mein Vater, immer eine einfache Frau geblieben war und in manchen Dingen nicht die Belange meines Vater teilte, war die Ehe glücklich.

Der großartige Erfolg seiner Geschäftsreise veranlasste nun meine Eltern, in einem der sogenannten bürgerlichen Bezirke, in der Lerchenfelderstrasse 66, eine gutbürgerliche Dreizimmerwohnung, Straßenseite, zu mieten. Dazu mehrere Lagerräume mit eigenem Hofraum, der mittels eines Haustelefons mit der Wohnung verbunden war.

Selbstverständlich wurde auch ein Telefon angeschafft, das gerne von unseren Gangnachbarn benutzt wurde, weil es das einzige im Stockwerk war. Stelle 4 von 4660.

Zwei Räume unserer Wohnung wurden als Verkaufsräume für Antiquitäten eingerichtet und die Magazinräume richtete mein Vater als eigener Handwerker selbst her, denn er war stolz darauf, alles allein machen zu können.

Mein Vater war sehr zielstrebig, im Beruf und auch im Sport. Er war hart gegen sich selbst, war ausdauernd und einer der besten Ruderer Wiens. Er war Mitglied des Rudervereins

„Austria“, des einzigen damals in Wien, der auch Juden aufnahm, so dass er auch jüdische Freunde hatte und gute Verbindungen zu jüdischen Geschäftsleuten. Sein Fleiß und sein anspruchsloser Arbeitswille ließen ihn oft bis Mitternacht arbeiten.

1912

Ab 1912, nach der Geschäftsgründung, reiste mein Vater mehrmals, in der Regel jährlich einmal, wieder nach Ostasien, um einzukaufen. Auch am 14. Juli 1914 trat er eine Reise dorthin an, wobei ihn auf der Rückfahrt mit der Sibirischen Eisenbahn der Ausbruch des Ersten Weltkrieges am Baikalsee überraschte. Glücklicherweise hatte der Zug wegen Achsenbruchs eine dreitägige Verspätung und befand sich noch nicht mitten in Sibirien als die Kriegserklärung Österreichs an Russland bekannt wurde. Er gab sich als Amerikaner aus, stieg in einen Gegenzug um und konnte so China wieder über die Mandschurei erreichen. Dort meldete er sich freiwillig, um an der Verteidigung der deutschen Festung Tsingtau teilzunehmen, wurde aber, weil er wegen eines Herzklappenfehlers nicht gemustert worden war, nicht dorthin geschickt, sondern erhielt den Auftrag, nach Möglichkeit in die Heimat zurückzukehren. Übrigens waren an der Verteidigung Tsingtaus auch 400 Angehörige der k.u.k. Marine (die Besatzung des Kreuzers „Kaiserin Elisabeth“) und der Gesandtschaftswachen beteiligt.

Es gelang ihm, sich in die Vereinigten Staaten durchzuschlagen, wo er – wie schon einmal – wieder mittellos ankam und bleiben musste, weil die feindliche Blockade die Rückkehr in die Heimat verbot. Bereits 1916 das Ende des Krieges erwartend, übersiedelte er im Herbst dieses Jahres nach New York, um der Heimat näher zu sein.

Da die Hoffnung trog, eröffnete er in der 56th Street einen Handel mit ostasiatischer Kunst. Nach dem Kriegseintritt der USA wurde mein Vater interniert, durfte sein Geschäft jedoch unbeschadet weiterführen.

So verbrachte mein Vater insgesamt sieben Jahre in den Vereinigten Staaten, denn erst am 1. Dezember 1919 konnte er auf einem deutschen Schiff als Schiffsleutnant anheuern und traf zwischen Weihnachten und Neujahr in Wien ein. Zuvor hatte er zugunsten hungernder Wiener Kinder den größten Teil seiner Dollar in Kronen umgetauscht, die bald durch die Inflation wertlos wurden, so dass er wieder einmal von vorne beginnen musste und wir an allem zu sparen gezwungen waren.

Meine Eltern hatten nach der Heirat im Februar 1911 eine geräumige Wohnung mit Telefon in einer der Wiener Hauptstraßen (Lerchenfelderstr. 66, Ruf: Stelle 4 von 4660) bezogen, in der ich auch am 13.11. geboren wurde. Zwei Zimmer wurden zu Verkaufsräumen umgestaltet und im Hof standen uns Lagerräume zur Verfügung.

Meine Mutter war also fünfeinhalb Jahre – ohne meinen Vater – allein, verfügte aber über genügend Mittel durch Warenverkäufe, so dass wir keine Not gelitten haben. Von den allgemeinen kriegsbedingten Mangelerscheinungen abgesehen. Gegen Ende des Krieges standen mir und meiner Schwester nur je 1/161 Milch täglich zur Verfügung.

Obwohl wir in den ersten Kriegsjahren eine Hausgehilfin aus Asch in Westböhmen hatten, die sich sehr um uns Kinder kümmerte (meine Schwester war Jahrgang 1913) und die meiner Mutter auch treu zur Seite stand, hatte meine Mutter keine Freunde oder Bekannte in Wien. Von einigen Verwandten aus Böhmen abgesehen.

Weil wir in einer Hauptstraße im 4. Stockwerk wohnten, durften wir als Kleinkinder nie allein auf die Straße, sondern nur in Begleitung von Erwachsenen. Lediglich ein einfaches Arbeiter- Ehepaar, bei der meine Mutter vor der Heirat wohnte, stand ihr treu zur Seite und der Mann vertrat bei mir die fehlende Vaterstelle.

Diesem Mann, den ich „Hief-Onkel“ nannte, verdanke ich viel Zuneigung in meinem Leben und immer, wenn ich die ersten Jahre mit meinem Vater Schwierigkeiten hatte, fand ich bei ihm Trost und Hilfe.

Wie bereits erwähnt, bin ich in der Lerchenfelderstraße 66, 3. Stock, Tür 71, geboren. Manchmal erlaube ich mir darauf hinzuweisen, dass in der Lerchenfelderstr. zwei berühmte Männer geboren wurden. Auf die Frage, wer die beiden seien, sage ich „der andere ist Johann Strauß Sohn“. Was nun im gleichen Jahr in Wien geborene betrifft, fällt mir Teddy Kollek, Bürgermeister von Jerusalem, und Bruno Kreisky ein, beide jüdischer Herkunft. Mitbürger, die später die Welt bewegen und erschrecken sollten, waren Adolf Hitler (1908–1913) und Leo Trotzky (1907–1914). Für mich ist das hervorragendste Ereignis des Jahres 1911 die Uraufführung der Oper „Der Rosenkavalier“ von Richard Strauß, erst in Dresden und dann in Wien.

1915

Der früheste Tag an dem ich mich noch gut erinnere, war der 3. Juni 1915. Mittlerweile hatte der 1. Weltkrieg begonnen. Plötzlich erhob sich auf der Straße Lärmen. „Extraausgabe! Extraausgabe! hörte man rufen“ „Przemysl wiedererobert!“ Das galizische Przemysl war die stärkste österr. Festung und von den Russen im März erobert worden. Auf diese gute Nachricht hin steckte meine Mutter die schwarz-gelbe Fahne zum Fenster heraus.

1916

Acht Tage nach meinem 5. Geburtstag, am 21. November 1916 starb in Schönbrunn hochbetagt Kaiser Franz Joseph I., von dem der US amerikanische Präsident Theodore Roosevelt sagte, ihn habe auf seiner Europareise 1910 außer dem Kaiser von Österreich kein Staatsmann imponiert. Der Trauerzug von Schönbrunn zur Kapuzinergruft führte über die Mariahilferstraße stadtwärts. Meine Mutter nahm mich mit und so konnte ich an der Ecke Zieglergasse das Ereignis miterleben.

Von diesem Zeitpunkt an wurde die Versorgung der Bevölkerung mit Lebensmitteln immer schlechter. Das Brot wurde immer mehr mit Maismehl vermischt und wurde so hart, dass man die Rinde gar nicht mehr beißen konnte. Mir stand täglich 1/16 l Milch zu, die bereits zur Hälfte verwässert war. Zusammen mit meiner Schwester und unserem Mädchen fuhr meine Mutter in den Wienerwald, um Bucheckern zu lesen und in den Prater, um Brennesseln zu sammeln. Im September 1917 wurde ich eingeschult, wobei der mich untersuchende Amtsarzt meine Mutter fragte, ob ich Veitstanzerscheinungen hätte. Ich war sichtlich unterernährt und sehr schreckhaft geworden. Die Tage der Not und des Zusammenbruchs der Monarchie, sowie die folgende mit Unruhen und Straßenkämpfen erfüllte düstere Zeit, ist mir vergangen wie ein grauer, naß-kalter Herbsttag.

1918

Weil meine Mutter täglich in der Arbeiter-Zeitung las und von zu Hause her aus Asch in Böhmen stammte, eine fast rein evangelische Stadt Österreichs, besuchte ich die den Sozialisten nahestehende „Freie Schule" in der Albertgasse, die überdies den Vorteil hatte, dass sie in unserer Nähe lag und ich auf dem Schulweg keine größere Straße zu überqueren hatte. Mein Schulweg führte an einer Plakatwand vorbei, auf der Plakate für die VIII Kriegsanleihe warben, nach meiner Erinnerung mit einem Handgranaten werfenden Soldat mit Strohhut.

Den letzten Kriegssommer 1918 verbrachten wir in Hinterbrühl bei Mödling. Also in der nahen Umgebung Wiens. Nach der Getreideernte konnten wir liegengebliebene Ähren lesen und aus den ungemahlenen Körnern eine Art Backwerk bereiten. Dem Brot wurde zu jener Zeit Maismehl beigemischt, was es zwar nicht gerade schmackhaft machte, man aber froh war es zugeteilt zu bekommen. Weil die Verpflegung ausgesprochen schlecht war, konnten auch die Kriegsgefangenen nicht mehr entsprechend ernährt werden. So wurden diese einfach um die Mittagszeit von der Verwaltung zum Betteln geschickt. Zu uns kam oft ein Italiener, weil meine Mutter trotz allem für ihn noch etwas übrig hatte.

Am 10. August sahen wir einige Flugzeuge von Süden kommend in Richtung Wien fliegen. Wie man bald darauf hörte, waren es italienische Flugzeuge unter der Führung des Dichters Gabriele d’Annunzio[7] gewesen, die über Wien Flugblätter abwarfen, mit der Aufforderung sich von Deutschland loszusagen.

Den ersten Sommer nach dem Ende des Ersten Weltkrieges und dem Ende des österr.-ungarischen Kaiserreiches verbrachte ich zusammen mit Mutter und Schwester – mein Vater war ja seit Kriegsbeginn in den USA interniert und kehrte erst zwischen Weihnachten und Neujahr 1919 nach Wien zurück – im Waldviertel. Genauer in Oberrabenthan, das heute zur Gemeinde Rappottenstein gehört.

Als im folgenden Sommer mein Vater das Häuschen wieder für die Ferien mieten wollte, war dies nicht mehr möglich. Man verwies ihn aber auf die zur Gemeinde gehörende Ortschaft Lembach, wo tatsächlich ein „Ausnahm-Häusl“ frei war, das wir fünf Sommer lang hintereinander mieteten.

Meine Schwester und ich spielten dann mit den Nachbarskindern und wir Buben bauten „Burgen“ und verspeisten dort aus Nestern mitgebrachte rohe Eier, vermischt mit Zucker, den ich beisteuerte.

Im Laufe der Jahre wuchs meine Liebe zu Lembach und dessen Umgebung, zumal zu dem nahegelegenen Siebenberg, einer bewaldete Kuppe, die in wenigen Minuten erreichbar war und wo wir unser

---

7 Gabriele d’Annunzio, 1863–1938, Dichter und konservativ-patriotischer, mit dem Faschismus sympathisierender Politiker. Vgl. Bettina Vogel-Walter: *D’Annunzio – Abenteurer und charismatischer Führer*. Frankfurt 2004.

„Burgen" errichtet hatten. Obwohl wir später unsere Sommerferien anderswo verbrachten besuchten wir Lembach immer wieder und in mir erwachte der Wunsch, dort, auf dem Siebenberg, einmal ein Landhaus zu errichten. So erwarb ich, ohne Wissen meiner Eltern, die einem solchen Vorhaben zunächst ablehnend gegenüber standen, 1932 die ersten beiden Grundstücke, die auch die 806 m hohe Kuppe umfassten mit der Absicht, dort mein Haus zu bauen. Im Laufe der Jahre folgten weitere Ankäufe, so dass der Besitz heute über 5 Hektar groß ist.

Als nach dem Anschluss sich die Wirtschaftslage in Österreich besserte, waren meine Eltern mit dem Bau eines Hauses einverstanden. Es wurde drei Wochen vor Kriegsbeginn 1945 bezugsfertig.

1920

Zwischen Weihnacht und Neujahr 1920 kehrte mein Vater endlich aus den Staaten zurück. Er war für mich ein fremder Mann, überhaupt der erste Mann im Hause. Nachdem ich, soweit ich mich erinnern konnte, nur Frauen um mich gekannt hatte, ein befremdendes Gefühl. Ich besuchte damals schon die dritte Volksschulklasse und hatte meine eigene kleine Welt, die plötzlich gestört worden war. Bisher war ich, soweit es die Umstände erlaubten, ein verwöhntes Muttersöhnchen gewesen. Alles dies hatte sich von einem Tag auf den anderen geändert.

Mein Vater, dem es in New York an nichts gefehlt hatte, konnte sich nicht in meine Lage versetzen und behandelte mich so wie einen amerikanischen Jungen, dem es bisher an nichts gefehlt hatte. Ich war ein Kind, das nie zu kleinen Arbeiten, z.B. das Zusammenräumen von Spielsachen, das immer ein Dienstmädchen besorgt hatte, solange meine jüngere Schwester und ich Kleinkinder waren, herangezogen wurde. Nun musste auch ich einen Besen in die Hand nehmen und im Haushalt mitarbeiten. Auch verlangte mein Vater im steigenden Maße meine Mitarbeit in handwerklichen Dingen.

Er gehörte zu den Menschen, die auf der Straße noch Nägel

aufhoben, um sie zu verwenden und selbst in der kühlen Jahreszeit trug er den Mantel offen, um die Knopflöcher zu schonen. Er bestellte nur selten Handwerker, weil er alles selbst machte. Ich musste, wenn ich schon nicht mithelfen konnte, wenigstens Zusehen und dabei lernen. Weil ich ihm einmal bei einer Arbeit zusah und die Hände in die Hosentasche steckte, erhielt ich eine Ohrfeige mit der Begründung, dass man anderen nicht mit den Händen in den Hosentaschen bei der Arbeit zusieht. Ich habe es mir gemerkt und bis heute nicht mehr getan.

Mein Vater war so streng zu mir, so dass ich die ersten Jahre mit meiner täglichen Ohrfeige rechnen musste. Ich bekam des öfteren Schläge, auch wenn er mir als Kind zu viel zumutete und meine Kräfte zu schwach waren, um eine Anforderung zu erfüllen. Einmal schlug er mich nur deshalb, weil ich zu schwach war, um einen schweren Schrank zu heben. Daher fürchtete ich ihn.

Doch war sein Wissensdrang unermüdlich. Immer wieder fragt er mich, warum ist dies so oder so. Z.B. warum kühlt die Suppe ab, wenn man bläst? Oft fragte und belehrte er mich, und ich verdanke ihm diese Eigenschaft, allem – soweit möglich – auf den Grund zu gehen. Und sein Verhalten hat ihm Recht gegeben. Vom armen Halbwaisen ohne die sogenannte höheren Bildung hatte er es zum Millionär im eigenen Haus nahe der Staatsoper und zum angesehenen Kenner ostasiatischer Kunst gebracht.

Mein Vater, stets hart gegen sich selbst, nahm nun meine Erziehung in die Hand. Diese ging nicht ohne Ohrfeigen und Schläge für mich ab, da mein Vater ein Mensch war, der keinen Widerspruch duldete. Mein Vater, der sehr geschickt war, und am liebsten alles selber machte, versuchte mich an seinem Vorbild zu formen. Ich wurde schüchtern und zog mich in mich zurück, ständig in Angst, von meinem Vater gezüchtigt zu werden, denn mein Vater war aufbrausend und jähzornig. Oft fragte er gar nicht nach den Ursachen einer Bestrafung. Auf meine schulischen Aufgaben nahm er keine Rücksicht. So musste ich eine Zeitlang nach dem Mittagessen mit ihm

Schachspielen, ohne nach meinen Hausaufgaben zu fragen. Verlor ich absichtlich, um Zeit zu gewinnen, musste ich noch mal mit ihm spielen. Dadurch wurde ich immerhin für mein Alter ein ganz guter Schachspieler. Mein Vater zwang mich, manchmal auch nachts, zur Mithilfe bei Arbeiten im Lager, wo Ware aus- und eingepackt wurde. Wenn er mich fragte, ob ich Aufgaben hätte, sagte ich lieber nein, um einer (wohl unverdienten) Ohrfeige aus dem Wege zu gehen. Andererseits kümmerte er sich nie um meine schulischen Erfolge und es war ihm gleichgültig, ob ich das Klassenziel erreichte oder nicht. Denn von Schulbildung hielt er nicht viel, weil im Leben doch alles anders ist, wie er sagte.

Anfang der zwanziger Jahre des vergangenen Jahrhunderts – ich besuchte noch die Volksschule in Wien – kaufte mein Vater auf die Bitte seines schon vor dem Ersten Weltkrieg in die USA ausgewanderten Schulfreundes, das zwanzigbändige „Meyers Konversations-Lexikon". Der Versand war allerdings nicht ganz einfach. Wir mussten jeden der Bände einzeln verpacken und auch einzeln verschicken, womit die ganze Familie eine Zeitlang beschäftigt war. Ich hatte aber dadurch auch die Möglichkeit – Dank meiner Neugier – herauszufinden, was an den Texten so interessant sei und mich faszinierte der Inhalt so sehr, dass ich in meiner Bücherei heute auf vier große Lexika zurückgreifen kann.

Mein Vater freute sich über mein Interesse sehr, so dass er mir den Meyer zu Weihnachten schenkte. Mein Vorzug galt den Fächern Geschichte, Erdkunde und Religion. Das ist bis heute so geblieben und wenn ich etwas Spezielles wissen möchte, finde ich im Meyer die ausführliche Erklärung und in den späteren Lexika gar keine Erwähnung.

Ich erinnere mich, dass ich in meiner Schulzeit vor jeder Buchhandlung stehen blieb und mir manches Buch zu kaufen wünschte, doch reichte mein bescheidenes Taschengeld niemals dazu aus, mir eines kaufen zu können. Erst in der Oberstufe, als mein Vater großzügiger geworden war, konnte ich von meinem Taschengeld (etwa ab 1928) die zehnbändige Propyläen-Weltgeschichte erwerben.

1922

1922 bestand ich die Aufnahmeprüfung am Gymnasium in der Albertgasse. Während ich in der Volksschule zu den Klassenbesten zählte, war es nunmehr umgekehrt.

Wie schon erwähnt, legte mein Vater mehr wert auf meine Mithilfe, als auf meine Hausarbeiten. So war ich jahrelang doppelt beansprucht, was sich in den Zeugnissen niederschlug. Von meinen Mitschülern wurde ich jedoch immer geachtet, sogar zum Klassensprecher gewählt. Meiner nicht so guten Noten wegen durfte ich dieses Amt jedoch nicht ausüben.

Schon in meiner frühen Schulzeit beginnend nahm ich jede Gelegenheit wahr, weil es kaum schon einen Autoverkehr gab, mit der Straßenbahn um die Wette zu laufen. Ich war lange Zeit der Meinung, wenn ich auf dem Weg zur Schule gewann, dass ich auch an diesem Tage Erfolg in der Schule haben würde. Ein frühkindlicher Aberglaube, immerhin die Wettrennen mit der Straßenbahn habe ich eigentlich fast immer gewonnen.

Im 5. Schuljahr am Gymnasium wurde ich, ohne es sogleich in den Anfängen zu erkennen, kurzsichtig. Ich konnte nicht mehr richtig von der Tafel abschreiben und musste immer öfter in das Heft meines Nachbarn schauen, ohne dass dies meinen Lehrern auffiel. Außerdem hatte ich in diesem Schuljahr zweimal Grippe. So konnte ich nicht wie üblich, mich nach der jährlichen Abreise meines Vaters im Frühjahr, ganz der Schule widmen und Versäumtes nachholen, sondern musste das Jahr wiederholen.

Obwohl ich in Erdkunde, Geschichte und im Religionsunterricht der Klassenbeste war, konnte ich in keinem meiner Zeugnisse ein „sehr gut“ aufweisen, weil meine Noten in den anderen Fächern zu schlecht waren. Mit der Rückversetzung um ein Schuljahr änderte sich auch für mich die Lehrerschaft. Den Deutsch- und Französisch-

Unterricht erteilte nunmehr Franz Spunda[8], über den in der Brockhaus Enzyklopädie von 1973 nachzulesen ist: „Lyriker, Erzähler, Essayist, Übersetzer, war mit Th. Däubler[9] [1924] in Griechenland; befasste sich mit antiker Mysterienweisheit, Gnostik, Magie, mittelalterlicher Philosophie und Mystik und bekannte sich zu einem „magischen Idealismus", der ihm im Katholizismus noch lebendig zu sein schien".

Vor meinem Geburtshaus in der Lerchenfelderstr. führte die Straßenbahnlinie 46 vorbei. Aus diesem Anlass habe ich nie vergessen, dass Martin Luther sich in seinem Lied „Ein feste Burg ist unser Gott" auf den 46. Psalm bezieht.

Ein Lesestück der gymnasialen Oberstufe in den österreichischen Schulbüchern war Luthers Trutzlied „Ein feste Burg ist unser Gott" Es ging wohl darum, auch im Unterricht über Luther zu sprechen, der durch seine Bibelübersetzung zum Schöpfer und Verbreiter der Neuhochdeutschen Schriftsprache geworden war. Spunda versuchte uns Luthers Gedanken nahezubringen und erklärte, dass jener sich auf die Burgen im Lande bezieht, die er als schützende Bollwerke ansah. In der folgenden Deutschstunde fragte Spunda, wer Protestant sei, worauf auch ich mich meldete. Ich musste auf das Podium und erklärte vor der Klasse, dass Luther die Burgen im Lande gar nicht gemeint haben könnte, weil diese seit dem Gebrauch von Feuerwaffen keinen Schutz mehr bieten konnten. Daher waren bereits viele Burgherren in die aufstrebenden Städte gezogen, die besseren Schutz

---

8 Franz Spunda, Olmütz 1. Jan. 1890–1. Juli, 1963 Wien, österreichischer, aus Mähre stammender Schriftsteller mit weitgefächertem Œuvre. Vgl. Christoph Fackelmann u. Herbert Zeman (Hrsg.): *Franz Spunda (1890–1963). Deutschmährischer Schriftsteller, magischer Dichter, Griechenlandpilger. Studien und Texte*. Wien: LIT Verlag 2016 (Erträge Böhmisch-Mährischer Forschungen 11.).

9 Theodor Däubler, Triest 17. Aug. 1876–14. Juni 1934 St. Blasien, österreichischer Schriftsteller, bekannt durch sein Versepos Nordlicht. Vgl. Dieter Werner (Hrsg.): *Theodor Däubler. Biographie und Werk. Die Vorträge des Dresdener Däubler-Symposions 1992*. Mainz: Gardez!-Verlag, 1996. (Germanistik im Gardez*!* Bd. 5).

bieten konnten. Luther bezieht sich vielmehr auf den 46. Psalm, dessen drei Verse jeweils mit den Worten „der Gott Jakobs ist unsere Burg“ enden. Diese Kenntnis war mir im Religionsunterricht vermittelt worden.

Spunda war verblüfft und verärgert. Er sagte kurz „Nicht aufgepasst“ und schickte mich in die Bank zurück. In der nächsten Deutschstunde wurde ich wieder aufgerufen, wieder mit der Aufforderung, das Lutherlied zu erklären.

Mir erging es da wohl nicht viel anders als Luther am Reichstag zu Worms. Ich blieb bei meiner Aussage und wurde wieder wegen ungenügender Leistung in die Bank geschickt. Für Spunda war es unerträglich, von einem jungen Schnösel eines besseren belehrt zu werden. Unser bis dahin gutes Verhältnis war damit zerstört. Aus meinem „gut“ bisher in Deutsch wurde ein „genügend“ und später ein „nicht genügend“. Er rächte sich damit, dass er mich auch in Französisch durchfallen ließ, ein Jahr vor der Matura, bzw. dem Abitur.

Weil ich nicht nochmals ein Schuljahr wiederholen wollte, verließ ich die Schule und trat in das väterliche Geschäft – Handel mit ostasiatischer Kunst – ein.

Immerhin ist es ein erwähnenswerter Zufall, dass ein Mitschüler des gleichen Gymnasiums, Erwin Barth von Wehrenalp[10], mit dem ich zusammen drei Jahre lang die gleichen Klassen der Oberstufe besuchte, davon ein Jahr die gleiche Klassenbank teilte, nach dem Kriege in Düsseldorf den Econ-Verlag gründete, der einer der bedeutendsten Verlage der Bundesrepublik wurde. Er war der weit bessere Schüler als ich, war jedoch als Einzelgänger in der Klasse unbeliebt. So ließ er niemals von sich abschreiben und unser Ver-

10 Erwin Barth von Wehrenalp, Dresden 25. Sept. 1911–21. April 1996 Paris, österreichischer Schriftsteller und Verleger; er gründete 1950 in Düsseldorf den sehr erfolgreichen Econ Verlag.

hältnis blieb kühl und nach dem Krieg sagte er „Sie“ zu mir. Nun habe ich ihn schon lange überlebt.

Mehr als zwei Jahrzehnte später suchte ich Spunda in Wien auf um mich bei ihm zu bedanken, obwohl er sich nicht mehr an mich erinnern konnte. Zweimal sollte ich im Kriege auf einen Offizierslehrgang geschickt werden. Ich wollte nicht. Dabei kam es mir zustatten, dass ich auf das mangelnde Abitur hinweisen und der mir unbekannten Gattin meines Kompaniechefs eine japanische Zuchtperlenkette verehren konnte.

Als evangelischer Mittelschüler war ich zusammen mit anderen dem BK (Bibelkreis) beigetreten. Mein Freundeskreis, der ausschließlich von Gymnasiasten gebildet wurde, schloß sich bald unter der Führung eines jungen Vikars, Georg Traar, der Jugendbewegung an. Fortan nannten wir uns „Kreuzfahrer, Bund deutsch-evangelischer Jugend in Österreich“.

Mit Georg – wir duzten uns von Anfang an – der später Superintendent von Wien wurde, verband mich aufrichtige Zuneigung und Freundschaft, die auch nach meiner Kreuzfahrerzeit und meinem Austritt aus der Kirche nach dem Anschluss, bis zu seinem Tode anhielt. Er vor allem und die Ziele der Jugendbewegung prägten meine Weltanschauung, wofür ich noch heute dankbar bin, obwohl sich seit damals vieles bei mir geändert hat.

Meine Zugehörigkeit zu den Kreuzfahrern bewahrte mich vor den Versuchungen, die an einen jungen Menschen zu dessen Schaden herantreten und vermittelte mir ein gewisses Zuhausegefühl, das ich in diesen Jahren der Entwicklung entbehren musste. Wir trafen uns wöchentlich, um biblische und später zunehmend völkische Fragen zu erörtern. Einmal jährlich zu Pfingsten trafen sich alle Kreuzfahrer-Kreise Österreichs an einem Ort, um sich kennenzulernen und um gemeinsame Antworten auf uns bewegende Fragen zu finden. Es gab auch Mädchen-Kreise und wir Jungen freuten uns, bei dieser Gelegenheit, mit Mädchen zusammen zu kommen.

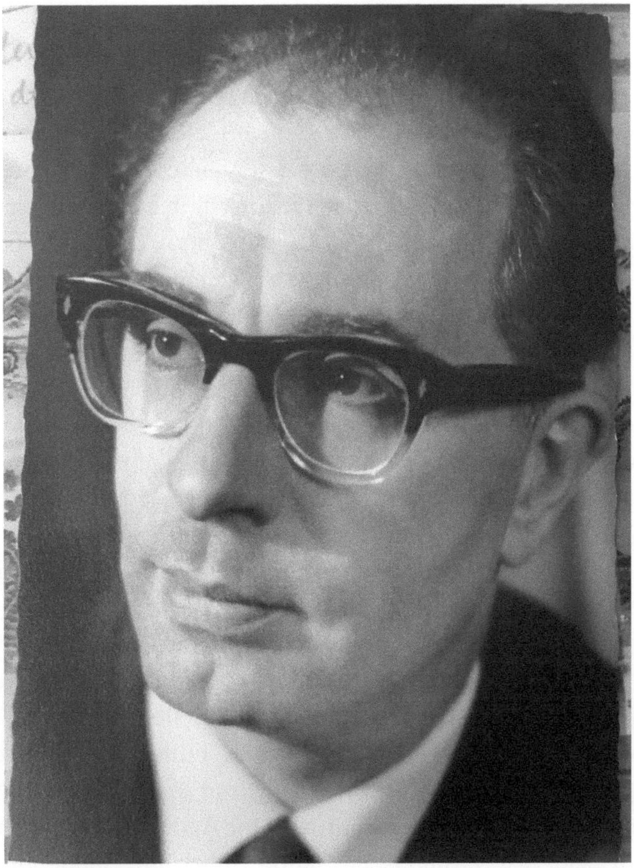

Walter Exner

Dem Zug der Zeit folgend, trugen wir später bei gemeinsamen Veranstaltungen die gleiche Kleidung, weißes Hemd zur kurzen Lederhose, weiße Kniestrümpfe und über das Hemd den damals sogenannten „Entente-Riemen“, den auch die SA (Sturm-Abteilung der Nationalsozialisten) trug. Unsere Mädchen trugen zum Dirndl ebenfalls, wie in den Alpenländern Brauch, weiße Strümpfe.

Das in und von der Jugendbewegung bevorzugte Tragen weißer Strümpfe wurde in Österreich nach dem Verbot der NSDAP am 19.6.33 zum Zeichen nationalsozialistischer Gesinnung.

Zusammen mit „unseren“ Mädchen bildeten wir Volkstanzkreise und betrieben Volkstumsarbeit, z.B. Wanderungen während der großen Ferien in den deutschen Sprachinseln der ehemaligen Monarchie (Banat, Siebenbürgen, Batschka, Zips u.a.). Es wurde gesungen und getanzt und hatte den Vorteil, von der meist bäuerlichen Bevölkerung gut verpflegt zu werden. Es gab jedenfalls oft mehr zu essen als zu Hause, denn Österreich war ein verarmtes Land geworden. Bedingt durch meine Abwesenheit von Wien ab 1943 verlor ich den Zusammenhang mit den alten Freunden, die inzwischen – älter geworden – im Berufsleben aufgingen oder Wien verlassen hatten. Durch die Zugehörigkeit zu den Kreuzfahrern lernte ich auch zwei Menschen kennen, die inzwischen weit bekannt geworden sind und mit denen mich eine lange Freundschaft verband: Die Schauspielerin Elfriede Kuzmany[11] und Heinrich Harrer[12].

Als junge, deutsch und evangelisch geprägte Menschen, hatten wir in den zwanziger Jahren messianisch geprägte Hoffnungen und sangen nach der deutschen Niederlage im Ersten Weltkrieg inbrünstig: „Wir heben unsere Hände, aus tiefster, bittrer Not. Herr, uns den Retter sende, der unser Schicksal wende, mit mächtigen Gebot“. Und wir erlebten später unter der Führung von Adolf Hitler ein ähnliches Schicksal wie fast zweitausend Jahre früher die Juden unter Bar Kochba.

Die strenge, oft ungerechte Erziehung bewirkte, dass ich auf

---

11 Elfriede Kuzmany, Rokitnitz 29. Sept. 1915–17. Juli 2006 München, österreichische Schauspielerin; sie wirkte vor allem am Theater in der Josefsstadt sowie am Bayerischen Staatsschauspiel, aber auch in Film, Fernsehe und Hörspiel.

12 Heinrich Harrer, Hüttenberg, Obergossen 6. Juli 1912–7. Jan. 2006 Friesach, österreichischer Bergsteiger und Forschungsreisender besonders bekannt durch sein Buch *Sieben Jahre in Tibet*.

manche Dinge, die man als Junge gern getan hätte, verzichten musste. Vielen Freunden und Bekannten tat ich leid. Zum Glück besaß ich einen gütigen und verständnisvollen Namensonkel, den „Hiefonkel“, der während des Krieges – er war bereits zu alt, um eingezogen zu werden – mehr und mehr eine väterliche Stelle einnahm. Zu ihm, einen einfachen Arbeiter, flüchtete ich später immer wieder, wobei er mich – seine Ehe war kinderlos – wie seinen eigenen Sohn behandelte. Auch meine Mutter hielt heimlich zu mir und steckte mir Dinge zu, von denen mein Vater nicht wissen durfte. Ich war immer froh, wenn mein Vater sonntags schon früh die Wohnung verließ, um auf der Donau dem Rudersport zu huldigen.

Die erste Schönheitskönigin der Welt, die in den zwanziger Jahren in New York gekürt wurde, Hedi Kiesler[13], war übrigens die Tochter eines jüdischen Klubkameraden.

So konnte ich sonntags wenigstens den Tag unbeaufsichtigt verbringen und benutzte die Zeit, die Sehenswürdigkeiten meiner Vaterstadt kennen zu lernen.

1930

Nachdem ich das Gymnasium in der Albertgasse vor der Matura (Abitur) verlassen hatte, besuchte ich noch einen Handelsschulkurs und trat 1930 als unbezahltes Familienmitglied in das väterliche Geschäft ein. Meinem Vater war dies recht, zumal er nie viel von einseitiger humanistischer Schulbildung hielt.

Bald nach seiner Rückkehr aus der amerikanischen Internierung wurde mein Vater zum staatlich beeideten Schätzmeister – dem damals einzigen in Österreich – für ostasiatische Kunst am Dorotheum in Wien bestellt. Ein Posten, den er rund ein Vierteljahrhundert

---

13 Hedy Kiesler, Wien 9. Nov. 1914–19. Jan. 2000 Altamonte Springs, Fla., Filmschauspielerin und Erfinderin, bekannt unter ihrem Künstlernamen Hedy Lamarr. Vgl. Richard Rhodes: *Hedy's folly. The life and breakthrough inventions of Hedy Lamarr, the most beautiful woman in the world.* New York City: Doubleday 2011.

lang bekleidete. Fleiß und Können verschafften ihm großes Ansehen, auch über die Grenzen seiner Heimat.

In dem Jahrzehnt nach dem Krieg gelang es ihm, wieder vermögend zu werden und 1929 übersiedelten wir in ein erworbenes Mietshaus in der Panigigasse im IV. Bezirk. Weil wir wegen des bestehenden Mieterschutzes nicht einziehen konnten, ließ mein Vater ein fünftes Stockwerk mit 18 Räumen für den eigenen Bedarf aufsetzen.

Mein Eintritt in das väterliche Geschäft entlastete meinen Vater in vielen Dingen – u. a. ging er gerne zum Kartenspielen – und gestattete ihm, sich mehr seinen Neigungen hinzugeben. Für mich entbehrte der Eintritt in das Berufsleben den Reiz des Neuen. Von Kindheit an waren mir ostasiatische Gegenstände vertraut und zur Arbeit hatte mich mein Vater stets herangezogen. So begann für mich ein unbeschwerter Lebensabschnitt, zumal die ständige Zusammenarbeit dem Vater-Sohn-Verhältnis bestens bekam.

Das Verhältnis zwischen meinem Vater und mir änderte sich schlagartig von einem Tag zum andern. Er, der etwa ein Jahrzehnt in den Staaten gelebt hatte und wusste, was bürgerliche Freiheit bedeutete, war mit den Wiener Nachkriegsverhältnissen unzufrieden. Nach dem Zusammenbruch der Monarchie 1918 hatte eine neue Schicht die politische Führung übernommen. Es waren großteils Lehrer, denen man eine bessere Politik als dem Großbürgertum und dem Adel zutraute. In der Schule wurde das Schulgebet abgeschafft und wir Schüler angehalten, uns mit dem Parteigruß der Sozialdemokraten „Freundschaft" zu begrüßen. Die Zugschaffner riefen „Vorwärts", wenn der Zug abfahren sollte, nachdem dort die Gewerkschaften das Sagen übernommen hatten.

Das erschreckte Bürgertum verkroch sich am 1. Mai in ihren Wohnungen, während auf der Straße die Massen den „Tag der Arbeit" feierten. Der sogenannte Mittelstand, der seine Ersparnisse in der Zeichnung von Kriegsanleihen wertlos geworden sah, wurde nun durch neue steuerliche Belastungen vielfach mittellos. Allerdings hatte manche Witwe eine geräumige Wohnung zur Verfügung und verdiente sich ihren Lebensunterhalt durch Vermieten. Weil die Mieten nicht erhöht werden durften und schon – noch im Krieg – niemand gekündigt werden durfte, ließ sich – so man hatte – vom Vermieten ganz gut leben. Um aber Wohnraum zu beschaffen, wurde eine Wohnbausteuer in Wien beschlossen, mit deren Hilfe Wohnraum beschafft werden konnte. Während die roten Stadtväter ihrer Wohnbauten wegen von den Intellektuellen der ganzen Welt bewundert und gepriesen wurde, verfielen die Altbauten wie überall dort, wo der linke Sozialismus herrscht.

Mein Vater, der Welterfahrung besaß, sah den Irrsinn dieser Politik und wurde ein entschiedener Gegner dieser verfehlten Politik, deren Irrsinn die arbeitenden Massen nicht erkennen konnten.

Jener Tag, der das Verhältnis zwischen Vater und Sohn grundlegend ändern sollte, war der 15. Juli 1927.

1934

Am 21. Juli, als ich in die Garage ging wo unser Auto über Nacht abgestellt war, wurde ich von einem mir unbekannten Mann angesprochen und gefragt, ob ich ihn mitnehmen würde. Bekannt kam mir nur der Allwettermantel des Mannes vor, der sich als ein Angehöriger der Kriminalpolizei auswies. Selbstverständlich war sein Ansinnen insofern unsinnig, als er ja nicht wissen konnte, ob und wohin ich überhaupt fahren wollte. Mir war sofort klar, dass ich von der Staatspolizei beobachtet wurde und gab daher vor, aus dem Auto nur ein Werkzeug zu holen, was ich auch tat.

Auch gegenüber unseres Hauses sah ich einen zweiten gleich gekleideten Mann stehen und ich war mir sicher, ich werde beobachtet.

Weil mir dies aber auf so ungeschickt deutliche Weise klargemacht wurde, nehme ich heute an, dass die Beamten mich absichtlich warnen wollten, weil sie möglicherweise auch Regierungsgegner waren.

Ich packte sofort das Nötigste ein, mein Vater wechselte rasch noch englische Pfund ein und ich saß schon wenige Stunden später im Zug nach Paris. Von dort aus ging es gleich weiter nach London, wo sich ein Freund aus der Jugendbewegung aufhielt, der mir alsbald die Teilnahme an einem Jugendlager der Völkerbundjugend in Südengland vermittelte, wohin ich schon wenige Tage später fuhr.

Dort traf ich als einzige Ausländer einen etwa gleichaltrigen deutschen Studenten und einen jungen Finnen.

Wir fühlten uns wohl unter den englischen Jugendlichen, nahmen deren Andersartigkeit gegenüber uns Festlandeuropäern wahr und knüpften viele freundschaftliche Beziehungen.

Ich hatte mir in London eine Ziehharmonika geliehen und brachte den älteren jungen Leuten österr. Volkstänze bei. Mit Staunen lernten wir foreigner englische Eigenarten kennen und bewunderten den Zusammenhalt dieser Jugendlichen, wenn sie abends um das große Lagerfeuer saßen und Volkslieder sangen. Da merkte ich erst, dass viele deutsche Seemannslieder eigentlich englische Shanties waren, die zum Teil auch in Deutschland englisch gesungen werden. Am 3. August 1934 wurde der Tod des Reichspräsidenten Hindenburg bekannt und am Abend am Lagerfeuer wurde von den Jugendlichen, die deutsch konnten, stehend das Deutschlandlied gesungen. Auch das war unverwechselbar englisch!

1935

Mein Vater reiste vor dem Ersten Weltkrieg fünfmal nach Ostasien, danach ab 1922 bis zu seiner letzten Reise 1937 noch ein Dutzend Mal.

Im Februar 1935 nahm mich mein Vater nach London zu der großartigen „International Exhibition of Chinese Art" mit und im März fuhren wir zum ersten- und letzten Mal gemeinsam in den Fernen Osten.

Diese Reise mit der gemütlichen Transsib durch die Weiten des winterlichen Sibiriens war für mich ein beeindruckendes Erlebnis und ich lernte nicht nur einen fürsorglichen Vater, sondern auch einen großartigen Kameraden kennen. Aber auch die tagelange Weiterreise durch die schon schneefreie, gelblich-braune Graslandschaft der menschenleeren Eurasischen Steppe in der Mandschurei beeindruckte mich tief.

Als wir endlich Peking, unser erstes Ziel, erreichten, ging ein Tag zur Neige. Nach dem überheizten Zug umfing uns die laue Luft eines Frühlingsabends. Um in die Stadt zu kommen, mussten wir von dem an der Außenseite der gewaltigen Stadtmauer gelegenen Bahnhof diese durchschreiten und – heraustretend – erlebte ich das, was wir mit „plötzlicher Erleuchtung“ oder „schicksalhaftem Erlebnis“ bezeichnen.

Die sich dunkel gegen den dämmernden Himmel abzeichnenden geschwungenen Dächer, die trotz des regen Verkehrs herrschende Stille, das leise Trapp-Trapp der laufenden Rikschazieher, welche bereits Laternen angezündet hatten und wie Glühwürmchen über die Straße huschten, all das beeindruckte und überwältigte mich zutiefst. Ich wusste von diesem Augenblick an um die Einzigartigkeit der chinesischen Kultur, die ganz Ostasien geprägt hat. Der Umgang mit ostasiatischer Kunst und Kultur, war mir nicht mehr Lebensunterhalt allein, sondern auch Lebensinhalt und Lebensaufgabe geworden.

Nach unserer Rückkehr nah Wien erlaubte mir mein Vater – dem meine Begeisterung und mein Eifer gefielen – bestimmte Gegenstände aus dem Verkauf zu nehmen und in einem besonderen, nicht allgemein zugänglichen Raum zu bewahren. Bald musste ein zweiter Raum dem gleichen Zweck zugeführt werden und schon drei Jahre später umfasste die so entstandene „Sammlung Exner" an die 3500 Gegenstände.

Diese Sammlung wurde nicht nach einem festen Plan oder von einem bestimmten Blickpunkt aus angelegt, ihr wurden einfach alle die Stücke aus einem reichlich vorhandenen Bestand einverleibt, die uns gefielen. Bald wurden aber auch zur Ergänzung – z.B. von Holzschnittfolgen – Gegenstände nur für die Sammlung erworben.

Um den fernen Osten besser verstehen lernen zu können, gestattete mir mein Vater auf meinen Wunsch hin, einen einjährigen Aufenthalt in Peking.

So traf ich dort im Frühjahr 1936 wieder ein, diesmal von zwei jüngeren Freunden – Jörg Netolitzki[14] und Peter Szongott[15] – aus Wien begleitet, die in Peking praktizieren wollten und an deren Reisekosten sich mein Vater beteiligte.

Nachdem wir ein vollständig eingerichtetes Haus mit Dienerschaft gemietet hatten, nahm ich bei einem Herrn Tschang lange Zeit täglich eine Doppelstunde Unterricht, um in die Grundbegriffe der chinesischen Sprache und der Schrift eingeführt zu werden.

Weil Herr Tschang nur Chinesisch sprach, hatte sein Unterricht den Vorteil, dass ich nie in die Lage versetzt wurde, übersetzen zu müssen. Ich lernte also Chinesisch so, wie die chinesischen Kinder sich ihre Sprache aneignen.

Eine schon früh gehegte Begeisterung für den Neusiedler See und die Seesteppe im benachbarten Seewinkel, lenkte meine Gedanken immer mehr auf die Europa und Asien verbindende Eurasische Steppe, deren Bedeutung als uralter Völkerweg – neben der jüngeren Seidenstraße – bis heute noch zu wenig Aufmerksamkeit geschenkt wird. Auf diesem Gebiet fand ich in dem Völkerkundler Prof. Robert Bleichsteiner[16], der nach dem Kriege Direktor des Museums für Völkerkunde in Wien wurde, einen bereiten Gesprächspartner und

---

14 Netolitzky heiratete später Cäcilie Egan († Mai 2008), die er in Peking kennengelernt hatte.

15 Szongott arbeitete in Peking mit dem Kunsthistoriker Gustav Ecke und dem Sinologen Hellmut Wilhelm an einem Projekt: Der Grabtempel des Kang Ping. Vgl. Ecke: Die Architektur der Gedächtnishalle. *Monumenta Serica* 5.1944, 467–478.

16 Robert Bleichsteiner, Wien 6. Jan. 1891–10. April 1954 Wien, österreichischer Ethnologe, habilitierte sich 1924 an der Universität Wien für kaukasische Sprachen. Vgl. Bernd Zimmermann: Der Wiener Orientalist Robert Bleichsteiner (1891–1954). *Österreich in Geschichte und Literatur* 34.1990, Heft 2, S. 91–98.

Freund. Hinzu kam später meine Hochachtung vor den großen Leistungen des kleinen tungusischen Volkes der Mandschu.

So suchte und fand ich in Peking einen ehemals kaiserlichen, russischen Konsul, der leidlich Mongolisch und Mandschurisch sprechen und schreiben konnte. Er unterrichtete mich eine Zeitlang in diesen beiden Sprachen und zeigte mir eines Tages die Abzeichnung einer Karte der Mongolei in mongolischer Schrift, die er durch Bestechung eines chinesischen (oder mandschurischen) Beamten seinerzeit hatte anfertigen lassen. Diese geheimgehaltene Karte wies die Karawanenwege durch die Wüste Gobi, deren wichtigsten Örtlichkeiten wie Siedlungen, Oasen, Quellen usw., sowie Standorte und Stärke der chinesischen Garnisonen. Ich vermutete etwas Besonderes, schrieb die Karte in mongolischer Schrift ab und veröffentlicht sie. Mein Lehrer versuchte die Ortsnamen zu lesen und deuten, während ich sie nach Möglichkeit verdeutschte.

Bald stellte sich heraus, dass mir tatsächlich geglückt war, die bisher älteste bekannte Karte der Mongolei veröffentlicht zu haben.[17] Dieses trug mir die bis zu seinem Tode gepflegte Brieffreundschaft mit Sven Hedin ein.

Auch meine Suche nach den Siegeln aller Mandschu-Kaiser auf Adelsrollen war erfolgreich und glückliche Umständen verdanke ich den Erwerb von zwei einmaligen Schriftdenkmälern der bis heute nicht lesbaren tangutischen Hsia-Hsia-Schrift aus dem 13. oder 14. Jahrhundert.

In dem an der Katholischen Fu-Jen-Universität in Peking als Leiter der Mal-Klasse wirkenden, ebenfalls aus Wien stammenden Bruder Berchmans Brückner, der maßgeblich an der Entstehung der modernen christlichen Malerei in China beteiligt war, lernte ich einen liebenswerten und begabten Mann kennen.

---

17 *Dörben Oirat gadar-i jiruk – Die Mongolei.* Nach einer alten mongolischen Karte in gleichem Maßstab gezeichnet von Walter Exner. Peiping, Wien: Siebenberg-Verlag 1937. Rez. in *Sinica* 17.1942, 266–274 von W. A. Unkrig.

Damals lernte ich auch den Leiter der Deutschen Schule[18] kennen und wir freundeten uns an. Man konnte sowohl in Peking, als auch in Tientsin das deutsche Abitur bestehen.

Zwei Fahrten zu den Westlichen Kaisergräbern der Mandschu-Dynastie nahm ich zum Anlass, zusammen mit, Dr. Karl Gruber, dessen Frau übrigens aus Linz a. d. Donau stammte, einen entsprechenden Führer herauszubringen, dem bald darauf die „111 chinesische Zeichen des Kunstkenners“ (zusammen mit dem im Krieg gefallenen Tom Zwieauer)[19] folgten.

Diese Veröffentlichungen zählten zu den ersten Erscheinungen meines damals, 1936, in Peking gegründeten Siebenberg-Verlages[20], des einzigen deutschsprachigen – vor dem Kriege in China – gegründeten Verlages, der heute noch besteht. Der Standort schien mir für den Verlag auch deshalb besonders gut geeignet, weil mir dort zu günstigen Preisen der Druck chinesischer Zeichen zur Verfügung stand.

Hinter dem Namen „Siebenberg“ verbirgt sich nichts anderes, als die Flurbezeichnung eines mir gehörenden Besitzes im niederösterreichischen Waldviertel.

Als eines Tages der in Shanghai residierende deutsche Generalkonsul sich abfällig über den ungepflegten Zustand des ehemaligen österreichisch-ungarischen Teils des 1900 angelegten Dreibundfriedhofs in Peking[21] äußerte, sammelten wir drei österreichische Freunde und ein in Tientsin praktizierender junger, ebenfalls aus Wien stammender, Architekt, Erich Engels, bei Landsleuten und Freunden in beiden Städten Geld und setzten auf dem Dreibund-Friedhof den in

---

18 Der im Folgenden genannte Dr. Karl Gruber.

19 Dr. Thomas Zwieauer, „graduierter Japanologie-Student“, fiel 1943 im Krieg.

20 Vgl. Walter Exner: Siebenberg-Verlag in Peiping (Peking) 1936–1939. *Mitteilungen der Deutschen China-Gesellschaft* 1996:4, S. 10–12.

21 Vgl. Walter Exner: Das 1936 auf dem ehemaligen Dreibund-Friedhof in Peking errichtete Kriegerdenkmal. *Österreich in Geschichte und Literatur* 38.1994, 254–259.

den Boxerunruhen 1900 und 1914 in Tsingtau gefallenen und verstorbenen Angehörigen der k.u.k. Kriegsmarine ein würdiges Denkmal.

Dieses Jahr in China verbrachte ich also damit, für das Geschäft einzukaufen, indem ich immer wieder die Läden in der Liulitschang [Liulichang 琉璃廠] aufsuchte, wo es die meisten Kunstschätze zu erwerben gab. Ich kaufte aber nicht nur für unser Geschäft, sondern auch für die Sammlung, um diese zu vervollständigen oder zu bereichern.

Rückblickend darf ich heute sagen, dass dieses Jahr, in dem noch von der kaiserlichen Vergangenheit geprägten Peking, das schönste und unbeschwerteste meines Lebens geblieben ist.

Nach dem einjährigen Aufenthalt in Ostasien, in dem ich zwei Reisen nach Japan unternommen, den Fujisan bestiegen, Jehol und die Westlichen Kaisergräber besucht hatte, traf auch mein Vater in Peking ein und wir reisten bald gemeinsam mit einem meiner Freunde, Jörg Netolitzki, nach Hause. Wir bestiegen in Schantung den heiligen Berg Tai-schan, benützten die neueröffnete Bahnstrecke von Hankau nach Kanton und fuhren mit dem Schiff von Hongkong nach Saigon. Weiter ging es nach Angkor, Bangkok und Rangoon und erreichten mit dem Schiff Indien. Wir sahen uns dort u.a. Benares und den Ort der ersten Predigt Buddhas, sowie Agra mit dem Tadsch Mahal und Dehli an. Von Karatschi aus setzten wir über das Meer bis Basra, sahen die Ruinen von Babylon, besuchten Bagdad, durchquerten die Syrische Wüste mit dem Autobus bis Damaskus, erreichten mit dem Taurus-Express Istanbul und mit dem Orient-Express endlich Wien.

Durch diese Reise lernte ich weitere Länder und Kulturen Asiens sozusagen im Vorbeigehen kennen.

1937

Im Dezember 1937 veranstaltete ich meine erste kleine „Ausstellung einer mandschurischen Sammlung“[22] im Museum für Völkerkunde in Wien, mit dessen damaligen ersten Direktor, Prof. Fritz Röck[23], mich bereits eine mehrjährige, seinerseits verständnisvolle, Freundschaft verband, so dass ich mich fast als dem Museum zugehörig betrachten durfte.

Diesem Museum hatte ich aus Peking eine Sammlung chinesischer Geschäfts- und Zunftschilder als Geschenk mitgebracht.

Ein Jahr zuvor hatten mein Vater und ich gemeinsam bereits eine lebensgroße Gruppe dreier chinesischer Gottheiten – eine Kuan-yin mit zwei Bodhisattva – geschenkt.

1938

Im Frühjahr 1938 trat ich alleine meine dritte und letzte Einkaufsreise nach Ostasien als nunmehriger Geschäftsteilhaber an. Selbstverständlich hatte ich meine Parteimitgliedschaft in Peking erhalten und dort den Anschluss erlebt. Die entsprechenden Anschlussfeiern in Peking und in Mukden in der Mandschurei hatte ich mitgestaltet.

Ich fuhr sogar noch einmal nach Japan um mit meinen US Dollar japanische Holzschnitte zu kaufen, weil ich mir dachte, als deutscher Staatsbürger für diese Zwecke kein Geld mehr ins Ausland erhalten zu können.

Ich benützte den Nachtzug von Peking über Korea nach Fusan, um zur Weiterreise nach Japan ein Schiff benützen zu können.

Wir erreichten um Mitternacht die koreanische Grenze am Yalu, die von Japanern bewacht wurde. Ich war allein im Abteil und der

---

22 *Ausstellung einer mandschurischen Sammlung*: [Ausstellung mandschurischer Schriften, Trachten, Schmuckes u. verschiedener Gegenstände im Museum für Völkerkunde zu Wien, Dez. 1937]. Peking, Wien: Siebenberg-Verl. 1937. 30 S.

23 Friedrich Röck, Imst 14. Juli 1879–10. November 1953 Linz. Erster Direktor des Museums für Völkerkunde in Wien; er leitete das Museum von 1928 bis 1945.

japanische Beamte verlangte meinen Ausweis. Ich besaß nur meinen österreichischen Pass, weil ich noch keinen deutschen hatte und den ich erst in Wien erhalten konnte. Als er den Pass in die Hand nahm, nahm er stramme Haltung an, salutierte und sagte „congratulation“ und durchsuchte nicht meinen Koffer, wie er es bei einem US Amerikaner bestimmt gemacht hätte.

1939

Nach meiner Rückkehr nach Wien im Mai 1939 trat ich trotz meiner früheren hohen Stellung in der Führerbrigade Wien nicht mehr in die SA ein, denn die SA hatte keine politisch wesentliche Stellung mehr zu erfüllen. Ich fand daheim inzwischen eine völlig veränderte politische und wirtschaftliche Lage vor.

Die „Sammlung Exner“ war inzwischen bekannt geworden, zumal mein Vater sich schon seit den frühen zwanziger Jahren mit Leihgaben an allen bedeutenden, einschlägigen Ausstellungen in Wien beteiligt hatte. Gerade in jenen Tagen hatte die Albertina eine Ausstellung „Die Spätmeister des japanischen Holzschnitts“[24] veranstaltet, die viele Leihgaben unsererseits enthielt. Die beiden Spätmeister Hokusai und Hiroshige schätzten mein Vater und ich sehr und in den letzten Jahren konnten auf meinem Wunsch hin viele gute Blätter dieser Meister erworben werden.

Meine eingehende Beschäftigung mit dem großen Meister der japanischen Landschaft schlug sich später in meinem 1958 erschienenen Buch „Hiroshige“ nieder, das auch in englischsprachigen Ausgaben in London und New York erschien.

Mit dem Eifer neuer Herren bestand seitens der Reichsstatthalterei der Plan, unter Einbeziehung der „Sammlung Exner“ in Wien ein eigenes Museum für ostasiatische Kunst zu errichten. Dieser Gedanke war übrigens nicht neu, denn schon vor dem Ersten Weltkrieg hatte

---

24 *Die Spätmeister des japanischen Holzschnitts, Sharaku, Hokusai, Hiroshige.* Wien: Lorenz 1938. XXIII S., 52 Bl. 4°

der Wiener Adolf Fischer[25] seiner Heimatstadt eine große und wertvolle Sammlung ostasiatischer Kunst unter der Bedingung angeboten, dafür ein eigenes Museum zu bauen und ihn auf Lebenszeit zum Direktor zu bestellen. Wien lehnte ab, Köln sagte zu und besitzt seitdem das einzige Museum für Ostasiatische Kunst in Deutschland.

Nach dem Anschluss Österreichs war ein Wiener in Berlin[26], der dort bei dem Mongolisch-Berater Sven Hedins[27] als einziger „deutscher" Schüler mongolisch gelernt hatte, und das Außenamt der Reichsstudentenführung erwog, mit ihm die vierteljährlich erscheinende Zeitschrift „Asien-Berichte" herauszugeben.

Nachdem ich meinen in Peking bestehenden Verlag hatte, war es wohl für die Reichsstudentenführung reizvoll, sich dieses auch in China bekannten Verlages zu bedienen. Allerdings war die in Wien gedruckte Zeitschrift wie vieles andere unter der NS-Regierung nur mehr oder weniger Schaumschlägerei.

So wurden die beiden ersten Hefte mit jeweils 66 und 79 Seiten ausgestattet, die Hefte 3 und 4 nunmehr mit jeweils 24 und 28 Seiten, die ich zum Teil selbst besorgen musste. Geld wurde mir überhaupt keines überwiesen. Deshalb beschloss ich, weil ich daran Gefallen

---

25 Adolf Fischer, Wien 4. Mai 1856–13. April 1914 Meran, Schauspieler, Kunstsammler, Privatgelehrter und Museumsdirektor, vgl. H. Walravens: *Bibliographien zur ostasiatischen Kunstgeschichte in Deutschland. 1.Adolf Fischer, Frieda Fischer, Karl With, Ludwig Bachhofer*. Hamburg: C. Bell 1983. 50 S. 4° (Han-pao tung-Ya shu-chi mu-lu 21.)

26 Walther Heissig, s.u.

27 Möglicherweise ist damit W. A. Unkrig gemeint, der bis 1936 in Berlin war und dann nach Frankfurt zog. Ferdinand Lessing ging bereits 1935 als Professor nach Berkeley. Zu Unkrig vgl. H. Walravens: *W. A. Unkrig (1883-1956). Leben und Werk.* Mit einigen seiner mongolistischen Beiträge. Wiesbaden: Harrassowitz 2003. 230 S. (Asien- und Afrika-Studien der Humboldt-Universität zu Berlin 12.); zu Lessing: H. Walravens: *Ferdinand Lessing (1882–1961), Sinologe, Mongolist und Kenner des Lamaismus.* Materialien zu Leben und Werk, mit dem Briefwechsel mit Sven Hedin. Osnabrück: Zeller Verlag 2000. 425 S.

gefunden hatte, die Zeitschrift weiterhin in Wien unter dem Titel „Asien-Berichte“ als Eigentümer und Verleger in Wien bis Kriegsende selbst herauszubringen. Das letzte Heft, Nr. 24, erschien im März 1945. Darin veröffentlichte ich u.a. eine kleine Untersuchung über den Einfluß der knapp vor dem Kriege in der Mandschurei entdeckten Kitan-Keramik auf die chinesische „Tigerfell“ (Hu-Pi [虎皮]) Glasur.

1940

Der Ausbruch des Zweiten Weltkrieges zerschlug alle Pläne. Im Februar 1940 übergaben mein Vater und ich gemeinsam dem damaligen Staatlichen Kunstgewerbemuseum in Wien den größten Teil der Sammlung als befristete Leihgabe. Vier Monate später wurde ich zur Wehrmacht einberufen und konnte keinen Einfluss mehr auf die die Sammlung betreffenden Geschehnisse ausüben.

Am 28. März 1944 wandelte mein Vater, ohne Rücksprache mit mir, die gemeinsame Leihgabe einseitig in eine Schenkung um, nachdem es zuvor bereits zu einem Tausch von asiatischen Gegenständen zwischen ihm und dem Museum gekommen war. Eine weitere Schenkung erfolgte am 6. Mai 1946, wieder ohne meine Unterrichtung. So gelangten über 3000 Gegenstände in den Besitz des „Österreichischen Museums für angewandte Kunst“ in Wien.[28] Mit diesen beiden, rechtlich nicht einwandfrei geklärten Schenkungen hatte mein Vater die ideelle Grundlage meines bisherigen Lebens zerstört, ohne dass ihm zu zunächst die Folgen seiner Handlung klar geworden waren.

Gewiss war es von Anfang an auch mein Bestreben gewesen, für unsere Heimatstadt Wien eine ansehnliche Sammlung ostasiatischer Kunst zu schaffen und der Öffentlichkeit zur Verfügung zu stellen, die

28 Walter Exner: Die Sammlung Exner. *Bonner Zeitschrift für Japanologie* 3.1981, 225–234.

Art und Weise des von meinem Vater ohne Absprache allein beschrittenen Weges hat mich dennoch tief getroffen.

Im Mai 1944 hatte ich den Auftrag, als Unteroffizier einer Luftwaffen-Telegrafenbaueinheit in Hessen von Bad Wildungen nach Frankenberg eine Leitung zu vermessen und mit meinem Bautrupp anschließend zu verlegen. Mir standen auch ein Dutzend russischer Hilfswilliger zur Verfügung, mit denen ich mich gut verstand.

In der Mitte unseres Bauabschnitts lag das Städtchen Frankenau, wo wir unseren Standort hatten.

Weil Mangel an Arbeitskräften durch die Abwesenheit der wehrfähigen Männer herrschte, teilten wir in arbeitsfreien Tagen unsere Russen Haushalten zu, wo sie für Arbeiten zur Verfügung standen und auch gut verpflegt wurden.

Weil ich in dem Städtchen auch meine spätere Frau Elisabeth (Rufname Lisbeth) Scheerer kennen lernte – irgendwie war die gegenseitige Zuneigung in deren Freundeskreis bekannt geworden – fragte eine ihrer Freundinnen einen bei ihnen beschäftigten Russen, was der Unteroffizier Exner für ein Mensch sei und wie er es mit den Frauen halte. Da bekam sie zur Antwort: „Unteroffizier Exner nix Mädchen, nur Bücher, Bücher, Bücher“.

1945

Wir verlobten uns im Februar 1945, ich nannte sie jetzt Lisl, und bald nach der Kapitulation von den Amerikanern nach Frankenau entlassen – in die sowjetisch besetzten Teile durfte zunächst niemand heimkehren – heirateten wir am 12. November 1945.

Nachdem fest stand, dass die Sowjetmacht ihren Anteil Österreichs als Besatzer auf unbestimmte Zeit behalten würden und unglücklicherweise sowohl die elterliche (und meine) Wohnung in Wien und auch mein Landhaus im Waldviertel in dieser Zone lagen, war nun auch ich – wie ehedem mein Vater – gezwungen, mein Leben unter ärmlichen Verhältnissen neu einzurichten.

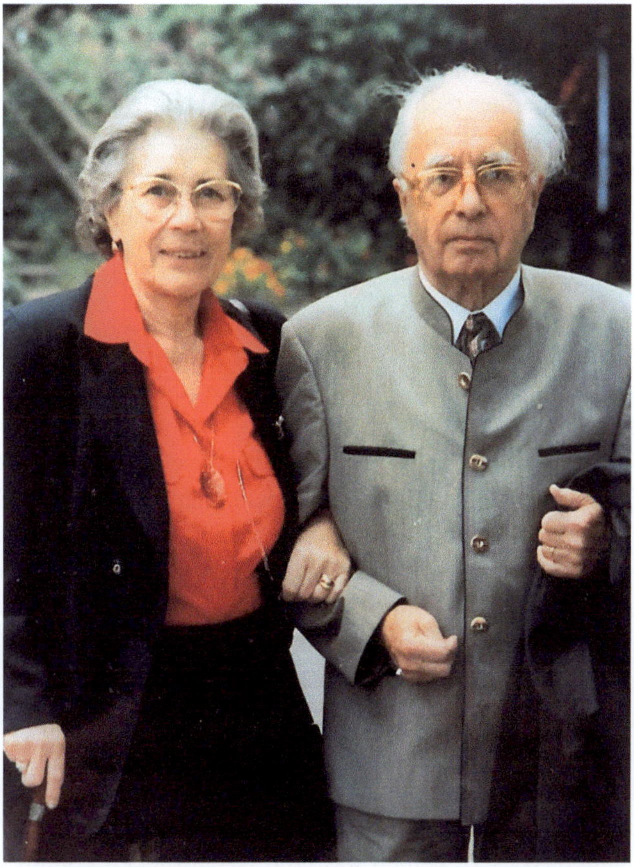

Lisl und Walter Exner

Mein neues Leben begann mit dem Besitz von 1 Anzug, 1 Garnitur Unterwäsche, 1 Paar Stiefel und 350 Mark.

Zunächst half ich in der kleinen Landwirtschaft und im Lebensmittelladen meiner Schwiegereltern mit und während ich die Kühe hütete, fand ich Zeit mich mit Publikationen zu beschäftigen.

[Im Rahmen der Entnazifizierungsmaßnahmen verfügte die Spruchkammer ein fünfjähriges Berufsverbot für Walter Exner. Vgl. sein Schreiben an Br. Berchmans Brückner. Dadurch wurde eine Rückkehr nach Österreich zusätzlich erschwert.]

1946

[Frau Lisl Exner gründete eine Leihbücherei, um den Lebensunterhalt zu bestreiten. Vgl. ihren Lebenslauf.]

Anfang April 1946, als es noch keine Briefmarken gab und deshalb der Postbeamte jeden Brief mit einem Stempel und mit dem handschriftlichen Vermerk „Gebühr bar bezahlt" versehen musste, stellte ich mit Hilfe eines Nachbarn, Dr. Wilhelm Brandes, zwei Gebührenzettel für das Postamt Frankenau her. Dr. Brandes schnitt den Druckstock und ich druckte im Viererblock jeweils 12 und 24 Pfennigmarken in den Farben rosarot und purpurviolett. Spätere Drucke, nun nicht mehr mit der Hand gedruckt, hatten die Farben rot und blau.

Mit Hilfe eines Briefmarkenhändlers konnten später überraschend gute Umsätze im Verkauf dieser Marken erzielt werden und um sicher zu gehen, dass es zu keinen weiteren Nachdrucken kommt, teilten wir uns die Druckstöcke.

Durch den Verkauf der Gebührenzettel und den Erträgen von meiner Frau mit der Leihbücherei – ich hatte zunächst 5 Jahre Berufsverbot wegen Parteizugehörigkeit – besaß ich wieder Betriebsmittel und wollte eine Asien betreffende deutschsprachige Zeitschrift herausgeben.

1948

Nach und nach gelang es – nachdem die Verbindung zu meinen Eltern in Wien wieder hergestellt werden konnte – noch im Besitz befindliche Gegenstände der Sammlung in meine neue Heimat zu bringen und ab und zu auch sehr gute Stücke zu erwerben. Darunter eine der seltenen echten sogenannten „famille noire“ Vasen aus der Kang-hsi-Zeit, von der meines Wissens kein Gegenstück bekannt ist. Nachdem ich nicht sofort über genügend Geld verfügte, vereinbarte ich mit dem Verkäufer eine monatliche Ratenzahlung.

Leider konnte ich den Erwerb dieses kostbaren Porzellans meinem Vater, der sich darüber sehr gefreut hätte, nicht mehr mitteilen, weil er am 27. September 1952 unerwartet in Wien starb. Heute bedauere ich es umso mehr, dass unser Zusammensein und gemeinsames Planen in den letzten zwölf Jahren seines Lebens – durch Kriegs- und Nachkriegszeit bedingt – immer nur auf wenige Tage beschränkt war.

1949

[Exners richteten eine Asien-Bücherei auf der Grundlage eines Anzeigeblattes, der *Asien-Bibliographie* ein, von welcher 34 Jahrgänge (bis 1986) erschienen. Im Laufe der Zeit kamen so etwa 10000 Bände als kostenlose Besprechungsexemplare ins Haus.]

1952

Den auf mich gekommenen, noch vorhandenen Erbteil, ließ ich nach Frankenau bringen, von wo aus ich in den drei vorangegangen Jahren bereits Holzschnitt-Ausstellungen in Darmstadt, Gelsenkirchen, Hameln, Helmstedt, Kassel, Marburg, Wuppertal u. a. Städten veranstaltet und dadurch die „Sammlung Exner“ erstmals außerhalb Wiens bekannt gemacht hatte.

Im gleichen Herbst lernte ich den Direktor des Museums für Ostasiatische Kunst in Köln, Dr. (später Prof.) Werner Speiser[29], kennen. Dieser kam nach Frankenau, um Leihgaben für die erste große, nach dem Kriege, veranstaltete Ausstellung ostasiatischer Kunst in Köln 1953 auszusuchen.

Von der ersten Stunde an verband mich mit diesem außergewöhnlichen und hervorragenden Mann innige Freundschaft, die bis zu seinem viel zu frühen Tod im Februar 1965 währte.

Über 10 Jahre verbrachte Prof. Speiser alle Urlaube bei und mit uns, und wir – unsere 1947 und 1952 geborenen Töchter inbegriffen – betrachteten ihn als zur Familie gehörig. Die mit ihm geführten Gespräche waren stets anregend und ich konnte sehr viel von ihm lernen, wie er oft auch seinerseits auf meine Gedankengänge einging.

Im August 1954 veranstalteten wir gemeinsam – Prof. Speiser kam für den wissenschaftlichen, meine Frau und ich für den organisatorischen Teil auf – die erste deutsche Tagung für ostasiatische Kunst in Frankenau, der Jahre später, nach dem Tode Speisers zwei weitere Tagungen in Battenberg im Gästehaus Viessmann folgten.

Prof. Speiser schrieb freundlicherweise das Vorwort zu meinem Buch „Hiroshige“, während ich das Nachwort zu seinem letzten Werk „Kuniyoshi“ verfasste, dessen unfertig hinterlassenes Manuskript dank der sachkundigen Mitarbeit seiner Freunde Willibald Netto[30] und Dr. Hans Lühdorf fertiggestellt und 1969 herausgebracht werden konnte. Die von Prof. Speiser gehegte Absicht, im Ruhezustand in unsere Nähe zu ziehen, verwirklichte sich leider nicht.

1954

1. Tagung für Ostasiatische Kunst in Deutschland mit Speiser.

---

29 Werner Speiser, vgl. Heinz Ladendorf: Werner Speiser 21. Januar 1908 – 26. Februar 1965. *Wallraf-Richartz-Jahrbuch* 27.1965, 7–18, mit Portr. und Schriftenverzeichnis.

30 Willibald Netto, Ukiyoe-Sammler in Düsseldorf.

1955

Landrat Kohl bringt Hess. Finanzminister Tröger nach Fr. u. gibt der Stadt Geld zum Bau einer Halle, mit Bedingungen.

1956

1. Ausstellung „2500 Jahre Buddha und Buddhismus“ (Indira Gandhi wollte kommen) Mit 6500 Besuchern Mai – Okt.

1957

Ausstellung „Yoga“ 19.5. bis 30.9.

1958

Ausstellung „Hiroshige“ 3.5. bis 31. 8.

1959

Ausstellung „Sieben Jahre in Tibet“ mit Heinrich Harrer und 11000 Besuchern Mai - Sep.

1960

Ausstellung „Chinesisches Porzellan“ 22.5.bis 30.9.

Im März 1960 überraschte uns der Besuch des Direktors des Instituts für Weltwirtschaft a. d. Universität Kiel, deren Bibliothek über 900000 Bände zählte, M.d.B. Prof. Dr. Wilhelm Gülich[31], gebürtig

31 Wilhelm Gülich, Sachsenberg/Waldeck 7. Juni 1895–15. April 1960 Bad Pyrmont. Er studierte nach dem Abitur 1919 Nationalökonomie, Jura und Geographie in Marburg, Wien und Kiel, wo er 1924 auch zum Doktor rer. pol. promoviert wurde. Im selben Jahr wurde er Direktor der Bibliothek des Instituts für Weltwirtschaft in Kiel, die er zur führenden Fach- und Forschungsbibliothek der Wirtschaftswissenschaften ausbaute. Diese Stellung übte er bis 1946 und wieder ab 1950 aus. Von 1949 bis zu seinem Tode 1960 war er Mitglied des Deutschen Bundestages und dort von 1953 bis 1957 stellvertretender Vorsitzender des Ausschusses für Finanz- und Steuerfragen. Er war führend am Aufbau der Bibliothek des Deutschen Bundestages beteiligt, die er am Vorbild der Bibliothek des Kieler Instituts für Weltwirtschaft ausrichtete. Vgl. Frieda Otto: Gülich, Wilhelm Johannes Daniel Otto. *Neue Deutsche Biographie* 7.1966, S. 256–257.

und beheimatet im nahen Sachsenberg, Kreis Waldeck. Er wollte den Herausgeber der „Asien-Bibliographie" kennen lernen, die inzwischen weltweit bekannt und bezogen wurde. Ich belieferte damals 21 U.S.-amerikanische – darunter die berühmtesten – Universitäten, 14 sowjetische Universitäten und sogar die Hobart-Universität in Tasmanien, zusammen etwa 90 Bezieher. Er wunderte sich sehr darüber, dass ich das alles allein schaffen könnte, wozu er samt sehr zahlreicher Mitarbeiter nicht imstande wäre. Er wollte sofort meine Arbeit mit 30.000,- DM Zuwendung jährlich unterstützen, weil sie für Deutschland wichtig sei. Über diese unerwartete Unterstützung war ich sehr überrascht und erstaunt und fragte ihn, wie er das sozusagen aus dem Handgelenk schaffen könne. Er, der zur Führungsschicht der SPD gehörte und einmal Finanzminister in Schleswig-Holstein war, sagte, ihm stünde ein Betrag zur Verfügung, über den er allein bestimmen könne. Und ich hätte Unterstützung verdient. Leider verstarb Prof. Gülich bereits am 15. April, also kurz nach seinem Besuch und uns blieb nur übrig, an seinem Begräbnis in Sachsenberg teilzunehmen.

Im Gespräch mit dem inzwischen Professor gewordenen Werner Speiser stellten wir fest, dass die bedeutendste und berühmteste japanische Gedichtsammlung – Hyakunin isshu – die hundert Gedichte, die jeder Japaner kennt, noch nicht vollständig in deutscher Übertragung vorlag. Diese Sammlung wird deshalb so genannt, weil sie hundert Gedichte, von je einem Dichter ein Gedicht, enthält, die zwischen 626 und 1242 lebten und heute noch genauso lesbar sind wie zur Zeit der Entstehung.

Weil unserer Kenntnis nach nicht alle bisher ins Deutsche übertragen wurden, fanden wir es angebracht, einmal auch die ganze Sammlung dem deutschen Leser zugänglich zu machen.

Damals lebte ein für das Althochdeutsch zuständiger japanischer

Wissenschaftler, Herr Dr. Nambara[32] in Marburg, der uns von dem dort wirkenden deutschen Japanologen, Prof. Haenisch[33], mit dem wir freundschaftlich verbunden waren, zu diesem Zweck empfohlen worden war.

Weil Herr Dr. Nambara, ein Sohn des Rektors der kaiserlichen Universität, der höchstrangigen in Japan, zu sehr mit seinem Studium beschäftigt war, schlug er uns seine Gattin, Frau Yoshiko Nambara, als Übersetzungshilfe vor, was diese auch gerne annahm, zumal Frankenau nur rund 50 km von Marburg entfernt liegt und daher leicht erreichbar war. Weil es sich bei den Gedichten jeweils nur um 31 Silben handelte, glaubte ich jedenfalls, mit der Aufgabe in zwei bis drei Wochen fertig zu sein, zumal Frau Nambara auch für kurze Zeit bei uns in Frankenau wohnte.

Sie konnte in der genannten Frist ohne Schwierigkeit etwa 80 Gedichte verdeutschen. Bei dem Rest wurde es immer schwieriger. Erst nach Jahresfrist war es möglich, ein besonders schwieriges Gedicht, dem Inhalt entsprechend, zu verdeutschen, wobei Frau Nambara durchaus frei über die deutsche Silbenzahl verfügte, nachdem sich mehrere deutsche Japanologen an dem Wortlaut der Übersetzung beteiligt hatten.

In ihrem Vorwort weist Frau Nambara daraufhin, dass sie bemüht war, aus Übersetzungen japanischer Lyrik in keinem Fall deutsche Gedichte entstehen zu lassen.

---

32 Der spätere Prof. Minoru Nambara 南原実 (1930–2013), Germanist an der Universität Tokyo und Jakob-Böhme-Spezialist, Sohn des berühmten Jura-Professors und Politologen Shigeru Nambara 南原繁 (1869–1974). (Frdl. Hinweis von Frau Dr. S. Kuwabara, Berlin).

33 Wolf Haenisch, Kuling, China 6. Aug. 1908–3. Febr. 1978 Marburg, Bibliothekar und Japanologe; seit 1936 an der Preußischen Staatsbibliothek, 1950–1974 Direktor der Universitätsb. Marburg; vgl. *Wolf Haenisch. Eine Würdigung seines Wirkens aus Anlaß seiner Verabschiedung als Direktor der Universitätsbibliothek Marburg*. (Bearbeitet von Ana Maria Mariscotti de Görlitz.) Marburg: Universitätsbibliothek 1974. 44 S. (Schriften der Universitätsbibliothek Marburg.3.)

Prof. Speiser war von diesem kleinen Büchlein, das in zwei Auflagen zu je 1000 Bändchen erschien, sehr angetan. Zumal es sich um die erste vollständige Übertragung ins Deutsche handelte. Sein Urteil: „Excellent, excellent"!

Eines Tages erzählte ich Frau Nambara, dass ich das Buch „Japans Kronprinz – mein Schüler" von Elisabeth Gray Vining[34], einer US-Amerikanerin hätte, die vom japanischen Hof nach der Kapitulation 1945 berufen worden war, der Kaiserin und deren Kindern – einschließlich dem Thronfolger – englischen Sprachunterricht zu erteilen.

Frau Nambara sagte daraufhin, dass sie mit der zweiten Tochter des Tenno, des japanischen Kaisers, befreundet sei und mit den Kindern des Tenno am Englischunterricht teilgenommen habe.

Da erst kam mir zum Bewusstsein, dass Frau Nambara eine Angehörige der „Kuge" [公家] war und zu den Nachkommen einer der bedeutendsten Familien am kaiserlichen Hof zählte. Die Kuge war eine japanische aristokratische Klasse, die aus der Oberschicht des Yamato-Staates hervorging.

Frau Nambara überließ uns vor der Rückkehr nach Japan ihr wertvolles Tee-Zeremonien-Gerät.

Für das gleiche Jahr hatte ich zum erstenmal meinen Siebenberg Mond-Kalender herausgegeben. Auf der Buchmesse in Frankfurt hatte der Siebenberg-Verlag seit 1953 einen Stand.

1960 fragte ein Druckleiter aus Detmold, der etwa ein Jahrzehnt in Shanghai eine Druckerei geleitet hatte, ob wir ihm einen besonders gut ausgestatteten Kalender mit ostasiatischer Kunst herstellen könnten, in dem die Abbildungen besonders aufwendig gedruckt werden sollten, um die Leistungsfähigkeit der Druckerei, die übrigens die

34 Elizabeth Janet Gray Vining, 6. Oktober 1902 – 27. November 1999, war eine amerikanische Bibliothekarin und Autorin die den späteren Kaiser Akihito von Japan im Englischen unterrichtete, als er Kronprinz war. Sie war auch eine angesehene Schriftstellerin, deren Kinderbuch *Adam of the Road* 1943 die Newbery Medaille erhielt. Vgl. *New York Times* 1. Dez. 1999 (Nachruf).

Zigarrenbanderolen für ganz Deutschland herstellte, zu zeigen.

Dieser Mondkalender 1961 fand weltweite Anerkennung, auch für die USA wurde – wo wie in Deutschland – etwa 10 Jahre lang eine Ausgabe hergestellt.

Mit diesem Mondkalender, der nach ostasiatischem Brauch nach dem Mond-Kalender mit 13 Monaten gestaltet, aber durchaus auch auf die üblichen 12 Monate eingerichtet war, errang ich bei dem internationalen Kalender-Wettbewerb in Najibabad [im indischen Staat Uttar Pradesh] den ersten Preis und auch die Anerkennung der Deutschen Botschaft in Indien.

Die einzelnen Monatsblätter waren, wie folgt, eingeteilt:

Neujahrs- oder Schilfgrasmond Eismond
Vorfrühlingsmond
Knospenmond
Pfirsichmond
Päonienmond
Granatapfelmond
Lotosmond
Orchideenmond
Mittelherbstmond
Chrysanthemenmond
Spätherbstmond
Altjahrs- oder Schilfgrasmond

Im gleichen Jahr erschien auch das Erste meiner Faltbücher, für das ich einen Gebrauchsmusterschutz anmeldete. Es handelte sich dabei um eine Art Leporello-Alben, die sich wie übliche Bücher handhaben lassen, ohne dass der Inhalt zu Boden fällt und den Vorteil besitzen, dass man die Abbildungen nebeneinander halten und somit vergleichen kann. Bis 1975 erschienen sieben Faltbändchen, darunter vier von mir verfasste:

Blüten aus dem Senfkorngarten Chinesische Farbholzschnitte,
Frauen und Helden Japanische Farbholzschnitte von Kuniyoshi,

Sehenswürdigkeiten von Edo Farbholzschnitte von Hiroshige
Der Bernhardi-Altar im Stift Zwettl.

Die Sommerferien verbrachte wieder Prof. Speiser bei uns in Frankenau. Damals plante der bedeutende Holle-Verlag in Baden-Baden die Herausgabe des 50 Bände umfassenden Werkes „Kunst der Welt", von denen 23 Bände der außereuropäischen Kunst gewidmet waren, die Speiser planen sollte. Deshalb sprachen wir eingehend über die Einteilung des Stoffes und wer die Bearbeitung übernehmen sollte. Ich schlug Speiser damals vor, die Bedeutung des Werkes damit zu erhöhen, indem nicht nur bundesdeutsche, sondern auch je einen österreichischen und schweizer Autor heranziehen möge, wobei ich ihm den Österreicher Karl Jettmar[35] vorschlug, der dann den Band „Die frühen Steppenvölker" geschrieben hat.

1961
Ausst. „Kuniyoshi" 20.5. bis 1.10

1962
Ausst. „Chinesische Holzdrucke aus alter und neuer Zeit" 19.5. bis 1.10.

1963
Ausst. „Qi Baishi" 23.5. bis 6.10.

1964
Ausstellung Bad Wildungen.
Nach der Übersiedlung des Asien-Museums 1964 nach Bad Wildungen, gab ich 1969 die Kunstmappe „Hiroshige, sechs Kristallflüsse aus Japan" heraus. Es gibt nämlich in Japan sechs Flüsse gleichen

---

35 Karl Jettmar, Wien 8. Aug. 1918–28. März 2002, österreichischer Ethnologe, lehrte in Wien, Mainz und Heidelberg. Vgl. Ulla Johansen: Karl Jettmar, 1918–2002. *Zeitschrift für Ethnologie* 127.2002, S. 133–138.

Namens, die ihrer Schönheit wegen berühmt sind und vielen Malern zum Vorbild dienen. Auch Hiroshige hat jedem von ihnen in dieser Folge einen Holzschnitt gewidmet, die hier in voller Größe wiedergegeben sind.

1973

Ausst. in Darmstadt „Sammlung Exner“ vom 21.Okt. bis 25. Nov.
1973 meldete ich in Zwettl im österreichischen Waldviertel meinen Verlag an. Die Schwierigkeit war die, dass ich den dazu in Österreich notwendigen Befähigungsnachweis nicht erbringen und keine diesbezügliche Ausbildung nachweisen konnte. Erst nachdem ich meine Mitgliedschaft in der Reichskulturkammer nachweisen konnte, wurde mir die Genehmigung erteilt.

Mit Unterstützung des damaligen Landeskonservators für Niederösterreich, Dr. Rupert Feuchtmüller[36], setzte ich mich für den zunächst weitgehend unbekannten Maler und Graphiker Franz Traunfellner (1913–1986) ein, der „in Holzstichen, Holzschnitten, Radierungen und Lithographien vor allem Landschaften und Menschen des Waldviertels schuf“ (*Österreich Lexikon* 1995). Seine vom japanischen Farbholzschnitt beeinflussten farbigen Werke sind auf meine Anregung zurückzuführen.

1988 meldete ich dort den Verlag nach Erreichung des Rentenalters ab.

1976

„Alte japanische Uhren“ von Dr. Brandes.

1977

Umzug von Laustr. zu Am Unterscheid.

---

36 Rupert Feuchtmüller, Moosbrunn, Niederösterreich 5. August 1920 –27. April 2010 Wien, war ein österreichischer Kunsthistoriker und Museumsdirektor.

1978

Ausst. in Krems „4000 Jahre Ostasiatischer Kunst“ vom 12. Mai bis 15. Okt.

Leihgeber:

Österreichisches Museum für angewandte Kunst, Wien

Museum für Völkerkunde, Wien

Sammlung Walter Exner, Bad Wildungen (BRD)

Von den 804 ausgestellten Gegenständen gehörten 462 zu der Sammlung Exner, 774 Teile aus dem MAK und 30 Teile aus der Sammlung in Bad Wildungen. Von den 16 Farbtafeln betreffen 11 die „Sammlung Exner“ und auf weiteren 104 Abbildungen sind weitere 96 Gegenstände aus der Sammlung zu sehen. Um unnötigen Arbeitsaufwand zu vermeiden, habe ich damals vorgeschlagen, sich auf 3 Leihgeber zu beschränken.

Einladung von Bundespräsident Kirchschläger in die Hofburg.

1980

Fast zwei Jahrzehnte nach der Übertragung der berühmten „Hundert Gedichte“ aus dem Japanischen ins Deutsche von Yoshiko Nambara, denen zwar höchstes Lob durch Werner Speiser zuteil wurde, die silbenmäßig jedoch noch kürzer als die stets 31 Silben umfassenden japanischen Vorlagen sind, habe ich versucht, diese mit der gleichen Silbenzahl und der gleichen Zeilenordnung wie im Japanischen ins Deutsche zu übertragen. Zusätzlich wurde das Bändchen mit Abbildungen japanischer Färberschablonen, *Katagami* [型紙], versehen.

1981

Anlässlich der niederösterreichischen Landesausstellung 1981 im Zisterzienser-Stift Zwettl wurde ich vom Abt aufgefordert, eine Schrift über den im Stift stehenden berühmten, 1500 vollendeten, Flügelaltar des Jörg Breu d.Ä. über das Leben des heiligen Bernhard von Clairvaux zu verfassen. Obwohl es schon früher in der abendländischen Malerei Erntedankdarstellungen gegeben hat, befindet sich hier die Erste, die die Roggenernte mit der Sense so deutlich darstellt.

1982

1982 kam Frau Schulte-Heuthaus, die in Bad Homburg v.d.H. ein Ikebana-Studio leitete, auf mich zu mit der Frage, ob ich für sie ein Buch mit diesen hauptsächlich in der freien Landschaft der Umgebung nach japanischem Vorbild aufgenommenen Gestecken gestalten und herausgeben wolle. Weil mir ihre Aufnahmen sehr gefielen und auch eine japanische Kalligraphie-Meisterin ausdrucksvoll mit ihren Zeichen zur Gestaltung beitrug, sagte ich gerne zu.

Ich wählte zu jedem Bild ein passendes Gedicht aus der berühmten japanischen Sammlung „Die hundert Gedichte“, die ich inzwischen selbst übertragen hatte. Zu meiner Zufriedenheit wurde das Buch gut aufgenommen.

1984

Durch meinen Erfolg mit dem Verlag bestärkt, wagte ich 1982 den Prachtband „Surimono, Kostbarkeiten japanischer Druckkunst“ in der Gestaltung der bisher erschienenen Siebenberg-Bildbände herauszugeben.

Ich vereinigte die in den Mondkalender erschienenen Abbildungen, die alle über die gleichen Maße 21 x 19 cm verfügen. Surimono [摺物] sind Drucke, die zu besonderen Anlässen, wie dem Neujahrsfest, Namensänderungen, Dichtertreffen, Hochzeit, Geschäftseröffnungen oder Konzertankündigungen von Literaturklubs herausgegeben wurden. Die Mitglieder dieser Klubs verfassten Gedichte oder Prosatexte. Berühmte Holzschnittmeister illustrierten sie. Die Auflagen waren klein, da sie nur zur Verteilung im Freundeskreis und nicht zum Verkauf bestimmt waren.

Der Band enthält 27 Abbildungen in Achtfarbendruck, zusätzlich mit Gold und Silber. Diese stellen wohl das kostbarste Kunstbilddruckerzeugnis unserer Zeit dar und sind erst bei näherem Hinsehen von den japanischen Vorlagen zu unterscheiden. Sie haben den Vorteil, unbeschädigt zu sein.

Für die sachgemäße Übersetzung der dem Surimono beigegebenen Gedichte konnte ich Frau Shizuko Kusunoki-Ouwehand[37] gewinnen, die einzige Kraft im deutschen Sprachraum, die der Aufgabe gewachsen war und der ich dafür dankbar bin, zur Einzigartigkeit dieses Bandes entscheidend mit beigetragen zu haben. Frau Shizuko kam dieser Aufgabe wegen eigens nach Bad Wildungen, um mit mir zusammen zu arbeiten.

Es ist sicherlich richtig, wenn Kurt Meissner in seinem Buch „Surimono"[38] schreibt, dass die den Surimono beigefügten Gedichte zum geringsten Teil von bekannten Dichtem stammen, weshalb hier auch – im Gegensatz zu den Holzschnittmeistern – darauf verzichtet wird, auf diese namentlich einzugehen. Zudem wäre es oft schwierig oder gar unmöglich, den Dichter tatsächlich festzustellen, weil die angegebenen Namen meistens Künstler- oder Decknamen sind, die zudem häufig gewechselt wurden. Irrig scheint hingegen die Annahme, dass diese Gedichte für den Sammler lediglich von zweitrangiger Bedeutung wären. Zugegebenermaßen ist es oft sehr schwierig, diese meist heiteren Kurzgedichte, die nicht selten in der Umgangssprache ihrer Zeit abgefasst sind, zu übersetzen oder auch nur dem Sinn nach richtig zu deuten, weshalb sie meist unberücksichtigt bleiben. Damit aber würde dem Surimono Unrecht getan.

Daher bin ich Frau Shizuko Kusunoki-Ouwehand ganz besonders dankbar, weil sie den Wortlaut der Gedichte und – soweit überhaupt lesbar – deren Sinn festgestellt hat.

---

37 Frau des Ethnologen und Japanologen Cornelius Ouwehand, Leiden 10. Nov. 1920–5. Sept. 1996 Heiloo, 1968–1986 Prof. der Japanologie an der Universität Zürich. Vgl. Eduard Klopfenstein: Zum Gedenken an Prof. Dr. Cornelius Ouwehand. *Asiatische Studien* 51.1997, 7–9.

38 Kurt Meißner: *Japanese woodblock prints in miniature; the genre of surimono*. Rutland, Vt.: Tuttle 1970. 143 S.

Für die Güte der Nachdrucke spricht folgende Tatsache. Das Museum für angewandte Kunst in Wien hatte mir Surimonos zur Herstellung der Druckstöcke nach Deutschland mitgegeben und als ich diese zurückgab, legte ich in einem durchsichtigen Umschlag die Nachdrucke dem Direktor auf den Tisch, worauf mir dieser die Rückgabe der geliehenen Originale ohne weiteres bestätigte. Gewiss hatte er meiner Aussage zunächst vertraut, aber jedenfalls war damit der Beweis erbracht, dass die Nachdrucke den Vorbildern täuschend ähnlich sind.

1991

In dem 1991 erschienenen Taschenbuch *„Der von der Vogelweide“* – Bemerkungen zur Walther-Forschung – befasste ich mich mit dem Leben, dem Werk und der Herkunft Walthers von der Vogelweide. Dabei gelang mir der Nachweis, die von Prof. Dr. Bernd Thun von der Universität Karlsruhe ausgesprochene Vermutung, dass Walther nicht aus Südtirol, sondern aus dem niederösterreichischen Waldviertel stammt, zu bekräftigen. Inzwischen hat auch die Brockhaus Enzyklopädie 1994 diese Annahme übernommen. Ich habe auch darauf hingewiesen, dass Walther entscheidend an der Gestaltung des Nibelungenliedes mitgewirkt hat und wie viele andere begabte Künstler auch homosexuell veranlagt war.

1991 erschien die 2. Auflage von *Der Bernhardi Altar im Stift Zwettl.* anlässlich der niederösterreichischen Landesausstellung.

1992

1992 konnte ich ein von mir seit Jahrzehnten schon gewünschtes Buch, dessen Text ich in Auftrag gab, herausbringen: *„Ferdinand Raimunds Märchenwelt,* unseren Kindern nacherzählt“. Die beiden Verfasser, Inge Rachholz und Gottfried Riedl, erfolgreiche Laienschauspieler, beschreiben hier alle Bühnenstücke Raimunds, die nur sehr schwer nachzuerzählen und daher für Erwachsene genauso vergnüglich zu lesen sind, wie für Kinder. Ich freue mich immer wieder über meine Gestaltung dieses gelungenen Buches.

1994

Eine zweite Bildmappe brachte ich 1994 heraus „*Sugakudo, 48 Falken lebensnah gezeichnet,* Vogel- und Blumenbilder aus dem alten Japan“. Diese Bildfolge der bekanntesten Vögel Japans erschien als letzte ihrer Art vor dem Verfall der japanischen Holzschnittkunst 1858/59. Auf 48 Blättern in genauer Wiedergabe, werden neben den Vögeln auch die dazu passenden Blumen und Sträucher abgebildet. Der hervorragende Druck weist daraufhin, dass es sich dabei um den Auftrag eines über reichliche Mittel verfügenden Geldgebers handeln muss, der den Namen des sonst unbekannten Sûgakudô nur als Decknamen benutzte, um nicht erkannt zu werden. Daher halte ich den damals zu den bedeutendsten Malern zählenden Soun für den Auftraggeber, der sich hinter dem Namen Sûgakudô verbergen wollte.[39]

---

39 Frau Dr. S. Kuwabara (Berlin) schreibt dazu: „Ich würde nicht schreiben, dass «der hervorragende Druck Hinweis auf eine Auftragsarbeit eines über reichliche Mittel verfügenden Geldgebers sein müsste». Der Herausgeber (版元) dieser Mappe war TSUTAYA Kichizô 蔦屋吉蔵, der sonst berühmte Ukiyoe-Maler wie Hiroshige, Eisen, Kuniyoshi etc. beauftragte und auch solche Mappen in sehr gutem Druck herausgab.
Der Ukiyoe-Maler Sûgakudô 嵩岳堂 (Lebensdaten unbekannt) war Schüler des Nanga-Malers TAZAKI Sôun 田崎草雲 (1815–1898), der eigentlich ein Samurai (vom unteren Rang) war und später vom Fürstentum Ashikaga (heute: etwa Tochigi-Präfektur) als Maler angestellt wurde. Er war in der Meiji-Zeit als Maler in der Ashikaga-Gegend populär und anerkannt, dass er auch beauftragt wurde, im Kaiserpalast zu malen. Seit 1968 gibt es sogar ein Sôun-Museum.
Es gibt auch eine Meinung, dass das genannte Album mit Vögeln nicht von Sûgakudô stammt, sondern von TAZAKI Sôun. Aber ich würde die Meinung nicht unterstützen, dass Sôun der Auftraggeber war, der sich hinter dem Namen Sûgakudô verbergen wollte.“

Unter der Bezeichnung „Geokultur, Beiträge zur Erforschung der geschichtlichen Dynamik“ begann ich mit dem Heft *„Philipp Nicolai: Himmlisches Verlangen – irdisches Begehren*“, seine beiden berühmten Waldeck-Lieder „Wie schön leuchtet der Morgenstern“ und „Wachet auf, ruft uns die Stimme“, eine Schriftenreihe herauszugeben.

Ich hatte deshalb diesen Stoff gewählt, weil es mich wunderte, dass die beiden Kirchenlieder des entschieden lutherischen Kirchenmannes auch in den katholischen Gesangbüchern aufgenommen sind. Auch das war mir zunächst nicht klar, warum er die beiden Lieder dem ihm zur Erziehung anvertrauten minderjährigen Sohnes der früh verwitweten Gräfin von Waldeck in Wildungen gewidmet hatte, dem diese gepflegte Sprache doch noch gänzlich unverständlich sein musste. Bis mir klar wurde, dass die Lieder nicht dem Sohn galten, sondern dessen Mutter, der Gräfin Margarethe. Mit ihr lebte er von 1588 bis 1596 als Hausprediger und Prinzenerzieher auf dem Schloß. Die beiden Lieder sind Dankbezeigungen Nicolais an Gräfin Margarethe, mit der er lange Jahre im gleichen Haushalt lebte, worauf der Morgenstern, die Venus, offensichtlicher Hinweis ist.

1995 folgte in der Reihe „Geokultur“ *„Bernadette – die Heilige Einfalt von Lourdes.* Die Lebensbeschreibung der Bernadette entnahm ich ausschließlich dem Buch[40] des Jesuiten André Ravier [1905–1999]. Demzufolge war es Bernadettes Lebensaufgabe, das 1854 von Papst Pius IX auch in Kirchenkreisen angezweifelte Dogma der unbefleckten Empfängnis zu rechtfertigen.

Im gleichen Jahr folgte: *„Te Pito o Te Henua* – Nabel der Welt – Osterinsel Omphalos“. Hier versuchte ich nachzuweisen, dass die Osterinsel schon in grauer Vorzeit Mittelpunkt weltweiter Beziehungen war. – Im folgenden Jahr weise ich in der Schrift *„Moai.*

---

40 Wohl: *Bernadette Soubirous: eine Heilige Frankreichs, Europas u. d. Welt*; mit einem Essay von André Ravier sowie zahlr. Schwarzweiss-Bildern u. 16 Farbtaf. von Helmuth Nils Loose. Freiburg im Breisgau, Basel, Wien: Herder 1979. 94 S. Der Autor hat mehrere Bücher zum Thema verfaßt.

Osterinsel – Wikinger in der Südsee? darauf hin, dass die Moai-Köpfe genau einen Wikinger-Kopf aus Sigtuna (nahe Uppsala/Schweden) so gleichen, dass eine frühe Verbindung zwischen beiden Orten stattgefunden haben muß.

1996
1996 erschien *„Als Peking noch ummauert war. Erlebtes und Gehörtes*“. Dieses 115 Seiten umfassende Büchlein enthält 25 Kurzgeschichten, die ich in Erinnerung an meine Pekinger Tage nach dem Kriegsschluss im U.S.Amerikanischen Lager schrieb, um mir die Zeit zu vertreiben.

1998
1998 erscheint in der Geokultur-Reihe *„Die Venus von Willendorf ein altsteinzeitliches Fruchtbarkeitssymbol?*“ Darin widerspreche ich der bisher verbreiteten Meinung, dass das altsteinzeitliche Figürchen ein Weiblichkeitssymbol darstellen soll und weise daraufhin, dass es sich um eine Muttermilchspenderin handelt, wie es sie noch heute in China gibt. Zu einer Zeit, in der es noch keine Haustiere als Milchspenderin gab, waren solche Frauen sicher sehr geschätzt.

Anläßlich der Yangtse-Überschwemmung im Jahr 2000 wurde den im Einsatz befindlichen Soldaten noch Muttermilch zur Stärkung verabreicht.

1999
Im Jahr 1999 erschien in der Geokultur-Reihe das Heft *„Der Himmelstempel – der letzte babylonische Stufentempel*“. Ich weise nach, dass der schönste und großartigste Tempel Chinas nach babylonischem Vorbild errichtet wurde, wie die Chinesen auch – wie die Europäer – über die Seidenstrasse im Austausch mit den Völkern der frühen Mittelmeerkulturen standen.

Die Geokultur-Hefte werden heute von mir und Frau Dr. Josefine Huppertz[41] gemeinsam herausgegeben.

41 Aachen 1. Jan. 1922–?, Ethnologin.

Elisabeth Exner, geb. Scheerer

wurde am 28. April 1921 in Frankenau geboren. Mutter Anneliese und Vater Konrad hatten einen kleinen landwirtschaftlichen Betrieb und gründeten 1924 ein „Kolonialwarengeschäft".

Frankenau gehörte zu den sogenannten Walddörfern, obwohl es schon lange das Stadtrecht hatte. Daher war die Zeit dort etwas stehen geblieben und so kam es, daß die Eltern allem Neuen aufgeschlossen gegenüber standen. Die Tochter war sehr aufgeweckt und brachte gute Schulnoten nach Hause. Die Mutter wunderte sich, daß Lisbeth – so wurde sie genannt – zu Hause keine Schulaufgaben machte und fragte den Lehrer, ob die Kinder keine Hausaufgaben bekämen, denn die Tochter würde nie lernen. Der Lehrer war überrascht und sagte, daß er auf Fragen immer die richtige Antwort bekäme.

Nach knapp 8 Jahren bekam sie ein Schwesterchen, welche Annemarie genannt wurde.

Am 28. April 1935, ihrem 14. Geburtstag hatte sie gleichzeitig Konfirmation und ihre Großmutter wurde zu Grabe getragen. Nachdem sie nicht an der Feier der „Kronjuwelenkonfirmation" in Frankenau teilnehmen konnte, kam 2013 Pfarrer Wahl aus Frankenau nach Bad Wildungen und zelebrierte im Haus das Abendmahl. Bei dem Lied „Harre meine Seele" sang sie mit, denn das Lied hatte sie schon als Kind von ihrer Großmutter gelernt.

Nach der Volksschule ging sie in Marburg zur Handelsschule. Durch den 2. Weltkrieg wurden die Verkehrsverbindungen immer schwieriger und so musste die Ausbildung abgebrochen werden. Danach unterstützte sie die Eltern im Gemischtwarengeschäft und in der Landwirtschaft.

Direkt gegenüber wohnte eine jüdische Familie mit der man eine gute Nachbarschaft pflegte. Häufig kam am Sabbattag der Nachbarsohn mit der Bitte, doch bei den Eltern Holz im Ofen nachzulegen, denn seine Eltern waren sehr gläubig und gestatteten sich und dem Sohn diese „Arbeit" an Sabbat nicht. Doch der Sohn sah dies nicht so streng und sagte zu Lisbeth: ich lege dafür bei Euch Holz auf. Als diese Familie nach Amerika emigrierte, kaufte die Arztfamilie Dr. Brandes das Haus und die gute Nachbarschaft wurde weiter geführt.

Eines Tages waren Soldaten in Frankenau stationiert, die eine Fernmeldeleitung legen mussten und überwiegend aus Österreichern bestand. Damit den Soldaten etwas Abwechslung geboten wurde, gab es immer wieder Kameradschaftsabende, an denen kleine Aufführungen von Frankenauern stattfanden. Lisbeth trat mit einer Freundin auf. Beide tanzten und spielten Schifferklavier.

Einer der Österreicher, Walter Exner, hatte mit der Familie Dr. Brandes Kontakt geknüpft und bei dieser Gelegenheit auch näheren Kontakt mit Lisbeth bekommen. Sicherlich war man sich da schon sehr sympathisch.

Die Soldaten mussten weiter ziehen und Walter Exner verabschiedete sich bei der Familie Brandes. Er hatte schon einige Meter das Haus verlassen, als er die Glocke des Gemischtwarenladens klingeln hörte. Er drehte sich um und sah Lisbeth aus der Tür kommen. Er wollte nicht unhöflich sein und ging zurück, um sich von ihr zu verabschieden. Das war der Anfang einer Beziehung, die 58 Jahre halten sollte und erst durch den Tod von Walter 2003 endete.

Walter kam – wann immer es in den Kriegstagen möglich war – zu einem Treffen nach Frankenau zurück und bevor der Krieg zu Ende war, hatten sich beide 1944 verlobt. Aus Lisbeth wurde Lisl.

Er plante die Zukunft für beide in Wien, wo er wohnte. Aber es kam anders. Die Wohnung der Eltern Exner lag in der „Russischen Zone“ und war von Frau Chruschtschow besetzt. Diese wohnte zwar ausserhalb von Wien in einer Villa, aber die Exner-Wohnung war ihr Büro.

Im November 1945 wurde geheiratet. Die Freude war getrübt, denn der Vater Konrad war in amerikanischer Gefangenschaft und man wusste nicht, wie es ihm geht. So mussten alle Pläne geändert werden und man überlegte welche Möglichkeiten für die Lebensgestaltung zur Verfügung standen.

Walter Exner war Kunsthändler für Ostasiatika und Verleger. Das Geschäft von Vater Exner und Sohn konnte nicht mehr gemeinsam fortgeführt werden. So kam Walter die Idee, in Frankenau eine Leihbücherei zu eröffnen. Da er Berufsverbot hatte, konnte diese nur auf den Namen von Lisl geführt werden. So mußte Lisl eine Prüfung vor der Handelskammer ablegen. Es wurde fleissig geübt, bis Lisl die wichtigsten Schriftsteller aus jedem Sprachraum aufzählen konnte.

1952 starb Vater Anton Exner, und es kamen in 2 Möbelwagen aus Wien viele Ostasiatische Kunstgegenstände nach Frankenau und wurden in der Scheune von Vater Konrad gelagert. Walter bemühte sich bei der Hessischen Landesregierung um Unterstützung für seine Ausstellungspläne und der damalige Finanzminister Tröger gewährte einen Zuschuß zum Bau einer Ausstellungshalle in Frankenau.

Da der Zuschuß keiner Privatperson gewährt werden konnte, wurde das Geld der Stadt Frankenau zugesprochen mit der Auflage, dies für einen Bau für Ausstellungen zu verwenden.

1956 konnte die 1. Ausstellung durchgeführt werden. Die erbaute Halle hatte aber keine Heizung, sodaß nur im Sommer Ausstellungen stattfanden. Angeschlossen war ein Cafè mit asiatischen Spezialitäten und ein Kunstgewerbegeschäft. Lisl besuchte einen Servierkurs, um das Cafè zu leiten und hatte sich mit viel Geschick mit ostasiatischer Kunst vertraut gemacht.

In der Winterhälfte widmete man sich dem Siebenberg-Verlag, der 1936 von Walter in Peking gegründet wurde. Den Versand betrieb Lisl. Sie besorgte sich in Kassel Verpackungsmaterial um Bücher, Kalender und Postkarten sicher zu versenden. Sie stürzte sich mit Begeisterung und Erfolg in die vielfältigen Aufgaben.

1947 wurde Tochter Uta Maria Theresia geboren und 1952 folgte Sylvia Berta Edith.

Als Sylvia 3 Monate alt war, wurde sie krank und es stellte sich heraus, daß sie unheilbar krank war. Sie hatte Aplastische Anämie und nur eine Lebenserwartung von 4 bis höchsten 6 Jahren. Die Eltern waren zu der Zeit nicht krankenversichert und es wurde die größte Herausforderung im Leben von Lisl und Walter. Am Anfang musste Lisl, mit dem Kind auf dem Arm, von Frankenau mit dem Bus nach Frankenberg fahren. Von dort mit der Bahn nach Marburg und dann vom Bahnhof bis zur Kinderklinik laufen.

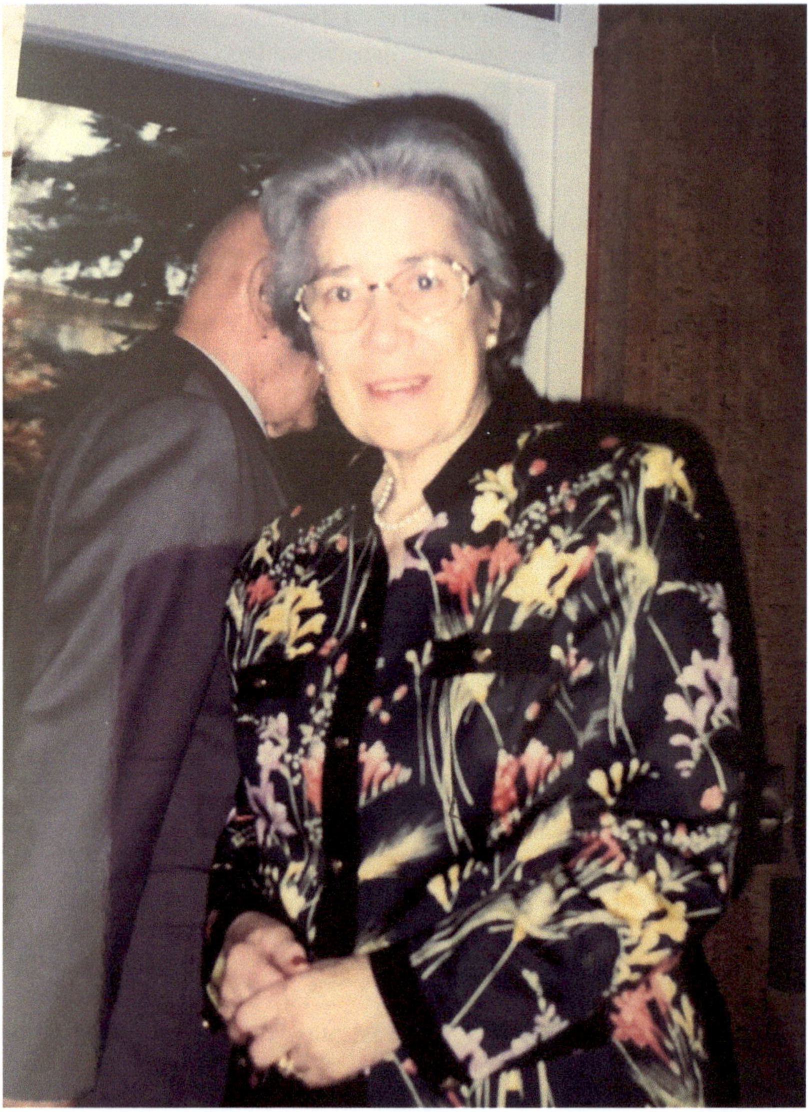

Lisl Exner

Diese Umstände brachten es mit sich, daß ein Auto gekauft werden mußte und Lisl den Führerschein erwarb, was natürlich wieder eine finanzielle Belastung war. Es gab Zeiten, wo Lisl zur Universitätskasse in Marburg fuhr und um Stundung der Rechnung bitten musste. Aber auch die monatliche Fahrt in die Kinderklinik für die Transfusionen bei Wind und Wetter waren eine Strapaze für Mutter und Kind. Trotz aller Prognosen der begrenzten Lebenserwartung konnte Sylvia anfangs zur Schule gehen und hatte an vielen Dingen Interesse. Dadurch, daß sie haupsächlich Kontakt mit Erwachsenen hatte, war sie in vielen Dingen ihrem Alter voraus. Aber die Zeit lief ab und am Spätnachmittag des 31.12.1969 verstarb sie im Beisein von Eltern und Schwester.

Inzwischen war das Museum mit Cafè nach Bad Wildungen umgezogen, denn die Stadt Frankenau wollte die Halle als Sportstätte nutzen. In Bad Wildungen gründete Lisl Exner in der Brunnenallee erst ein Kunstgewerbegeschäft und etwas später noch ein Modegeschäft. Dies brachte mit sich, daß sie mehrmals im Jahr zu Messen fahren musste, um Einkäufe zu tätigen.

Nebenbei wurden Ausstellungen mit Japanischen Holzschnitten in verschiedenen Städten Deutschlands gestaltet, und Lisl Exner leitete die geschäftlichen Aufgaben.

Ein großer Schrecken war noch der Absturz eines Flugzeuges, in dem die Tochter Uta saß. Aber alles ging für die Familie gut aus.

Als dann 1977 das Museum in Bad Wildungen geschlossen werden musste, weil die Stadt das Gebäude anderen Zwecken zuführen wollte, ging die Ära der Ausstellungen zu Ende.

Walter und Lisl kauften ein Haus in Bad Wildungen, Am Unterscheid 7 und widmeten sich der Kunst, indem sie kleine Ausstellungen verschiedener Art durchführten.

2003, während der großen Hitze, bekam der Ehemann Walter durch Überanstrengung eine Gehirnblutung. 4 Monate lang saß Lisl jeden Tag an seinem Bett im Krankenhaus. Am 3. November 2003 verstarb Walter.

Nachdem Tochter Uta 1988 geheiratet und nach Bayern gezogen war, hat sie die letzten Jahre alleine verbracht und in Erinnerungen an die Vergangenheit gelebt.

Mit Stolz hat sie das Leben von Enkeltochter Anna Sylvia verfolgt, die 1989 geboren wurde. Sie war eine der ersten Personen, die Anna gesehen hat, denn die „Oma“ war bei der Entbindung dabei gewesen. Vielleicht war es ein kleiner Trost für den Verlust von Tochter Sylvia. Die letzte Zeit im Leben von Lisl Exner war beschwerlich, so daß der Tod am 7. Febr. 2014 eine Erlösung war. Sie war in der Nacht friedlich eingeschlafen.

Uta Exner-Horlacher

Briefwechsel zwischen Br. Berchmans Brückner und Walter Exner

Übersicht

1

Peking, 9 September 1946

Lieber Herr Exner

Herzlichen Gruß! ja, das war wirklich eine frohe Überraschung am 2. September, als da Ihr freundlicher Brief vom 10. Juni hier ankam. Überraschung, daß Sie, trotz Krieg nicht nur leben, sondern ganz frei und gesund und von ungebrochener Unternehmungslust zu sein scheinen – und wohl auch sind – Überraschung, weil Sie trotz allem noch unsrer, noch meiner gedenken! Herzlichen Glückwunsch und herzlichen Dank!

In meinem Stübchen hängen nur 3 Bilder: ein Herz-Jesubild, ein Madonnenbild von Botticelli und die Titelblattzeichnung, die ich für Sie gemacht habe; diese erinnert mich ständig nicht nur an die Heimat und meine Verwandten dort, sondern auch an Sie, den „indischen Prinzen", Herrn Szongott, und Netolitzky. Von Herrn Szongotts Sterben hörten wir, er sei gefallen, hieß es, von Ihnen berichtete Ihr Herr Vater, daß Sie bei einer Postabteilung in Frankreich seien; von Herrn Netolitzky wußten wir nichts; hätten wir gewußt, daß Dr. Heissig Sie alle kennt, wie leicht wäre es gewesen, genauere Nachricht über Sie zu erhalten. Denn Dr. Heissig war fast

2 Jahre an unserer Universität als Professor für Mongolisch (Literatur, Geschichte ...) angestellt und wir haben uns oft und oft gesehen und gesprochen. Erst vor einem halben Jahr mußte er uns mit den übrigen Repatriierten verlassen, ist aber derzeit immer noch in Shanghai zurückgehalten. Über das Unglück unserer Heimat bin ich sehr betrübt und es tut mir recht leid, daß es Sie und Ihre Eltern auch so schwer getroffen hat. Hoffentlich geht es vorüber, wie Seuchen vorübergehen, und lebt sie, die Heimat, wieder auf zur Gesundheit und zum Frohsinn – und: ist durch den Schaden klüger geworden! In mir haben die Ereignisse der letzten Jahre den Entschluß bestärkt, nur für den „Staat Gottes" zu leben, für den Gottesstaat, in dem meine Geburtsheimat zwar die liebste, doch immerhin nur eine kleine Provinz ist, für den Gottesstaat, der überall dort ist, wo ein guter Mensch – gleichviel ob weiß, gelb, schwarz oder braun – lebt; hoffentlich gibt mir Gott die Kraft, die paar Jahre, die mir noch verbleiben, dieser Anschauung nach zu leben. Von meinen nächsten Verwandten, meinem Bruder in Wien (17. Bezirk, Geblergasse 45) und von meiner Schwester in Budapest habe ich keine oder doch nur unklare Nachricht und bin sehr besorgt um sie. Wenn es möglich wäre, durch Sie etwas Näheres zu erfahren über Letzteren, so würde mir das große Freude machen und mich Ihnen zu großem Danke verpflichten – und weil ich schon am Bitten bin: ein gar lieber Freund von mir ist – oder war in Wien – Bürgerschul-Direktor Viktor Buchgraber:[42] kennen Sie ihn? Könnte ich von ihm Nachricht bekommen? —— Doch genug der Bitten – will einiges von hier erzählen.

Die Arbeit, der Unterricht an unserer Hochschule, ging in all den Jahren ohne Unterbrechung weiter. Denn Peking hatte das große Glück von dem eigentlichen Krieg ganz verschont zu werden. Es gab ja Verhaftungen und Verdächtigungen und allerlei wilde Gerüchte, aber wir haben weder eine Bombe platzen noch Blut fließen sehen. Wir in der Stadt; am Lande draußen ging's schon weniger friedlich her, oft bunt und grausam. Und doch spürten auch wir genug vom Krieg: die Sorge um die Heimat, die Unsern dort und auch um die Mitbrüder in der Mission, am lande draußen; dann die Preis- und Lohnsteigerung, die immer noch anhält; 1 amerik. Dollar kostet 350.- hiesige, 1 Pfund Mehl (600 g) 480.-, 1 Pfund Kohle 4.-, 1 Fuß grobes, blaues Leinen 1000.-$. Rapid steigen die Wohnpreise: 1 Djän Wohnung (ung. 3 x 4

42 Viktor Buchgraber, Wien 23. März 1890–26. März 1962 Wien, Oberschulrat, Hauptschuldirektor und Schriftsteller. Vgl. Franz Mayröcker: *Von den Stillen im Lande. Pflichtschullehrer als Dichter, Schriftsteller und Komponisten*. Wien: Leinmüller 1968, S. 17 f.

m) 20000.-$ monatlich u.s.w. Mit den Preisen steigen Löhne und Gehälter um die Wette. Das alles ist nach „Friedensschluß“ noch schlimmer als vorher, besonders die Unruhen auf dem flachen Lande. Besonders die verschiedenen Arten von Freischärlern führen jetzt unter verschiedenen schönen Vorwänden „ein freies Leben ..., ein Leben voller Wonne (Verbrechen und Unrecht – besonders auch gegen die Kirche)“. Die ganze Welt scheint an einer gewissen Seuche zu kranken, so wie früher öfter an der Pest u. ähnl. Ob ihr Europa erliegen wird? China scheint noch viele gesunde Kräfte zu haben, die, wie ich hoffe, diese Krankheitskeime überwinden werden.

Sie schreiben vom Buchdruck hier! Br. Severin Tauber[43], der Druckereileiter, lachte auf: „Bei den hohen Löhnen und Papierpreisen hier! Ausgeschlossen! und die Korrekturen: bei den miserablen Postverhältnissen! Nein, nein, zu früh, zu früh!“ Es war ihm ehrlich gemeint – jammert er ja auch sonst immer so. Wenn anderswo in der Stadt der Druck billiger wäre und gut – wir hätten schon längst zugesperrt. Sollte es daheim in dieser Beziehung noch schlechter stehen? Wäre es nicht am besten, in Amerika drucken zu lassen?

Heute ist ein wunderschöner Herbsttag hier. Morgen ist das chin. Erntefest „Ba Yüo Sche Wu“[44], der 15. des 8. chin. Monats – Herbstvollmond. Jetzt beginnt die schönste Zeit in China – und der Unterricht. Wir haben über 2000 Hochschüler und mehr Neuanmeldungen als früher; darum auch mehr Arbeit, Verdruß – aber auch manche Freude. Wenn nur nicht alles so teuer, wenn nur die Löhne und Gehälter nicht so hoch wären – wenn nur die gewissen Freischärler nicht immer wieder alle Verbindungswege zerstörten! Na – das Leben ist halt einmal ein Kampf – auch wenn offiziell Friede ist. Voller Friede ist für jeden – wenn überhaupt – so erst drüben.

Ob Sie, ob Ihr guter Vater[45] noch einmal nach hier kommen wird? Schöner ist Peking durch den Krieg nicht geworden und das Verhältnis der Bevölkerung zum Ausland auch nicht besser – dafür hat der Krieg, dafür haben die Zeitungen gesorgt und sorgen noch; welche Schande, daß die Weißen Völker sich gegenseitig so heruntersetzen, schlecht machen! So müssen wir ja alles „Gesicht“ verlieren. Me [Yu] Fa – sagt der Chinese; yu fa, sage ich – wir sollten durch Schaden klug werden.

---

43 Severin Tauber SVD, 1896–1974, war 1935–1948 Leiter der Druckerei und des Verlags der Furen-Universität.

44 八月十五

45 Anton Exner, †1952.

Muß schließen. Hoffentlich kommen Sie bald nach Wien – und finden es rein. Dann grüßen Sie mir bitte den Steffel, die Burg, das Künstlerhaus, das Konzerthaus, die Karlskirche, die Technik, Ihren Herrn Vater, wenn's geht auch meinen Bruder in Hernals[46] und Freund Buchgraber (14. Bezirk, Stockhammerngasse 7). Auf Wiedersehn, entweder hier oder dort, gewiß aber drüben!
Herzlich grüßt Sie und Herrn Netolitzky
Br. Severin Tauber und Br. Berchmans Brückner

沒有法 – nichts zu machen
有法 – ist was zu machen

2
Herrn Br. Berchmans Brückner
Katholische Universität
Peiping, China

Frankenau, den 31.5.1948

Lieber Herr Br. Berchmans Brückner!
Seit Ihrem Brief vom 9. Sept. 46 habe ich nichts mehr von Ihnen gehört. Hoffentlich geht es Ihnen gut. Die Nachrichten aus China klingen zwar nicht sehr gut, doch scheint Peiping bisher von Kampfhandlungen verschont geblieben zu sein. Ich wünschte, daß es bald gelänge, den Bürgerkrieg gut zu beenden. Haben Sie meinen Weihnachtsbrief überhaupt erhalten? Ich kann mir denken, daß die Postverbindung nicht mehr die beste ist.

Ich schrieb Ihnen, daß meine Frau[47] eine Leihbücherei hier betreibt und daß dieser Leihbücherei eine Asien-Bücherei angeschlossen wurde, in die alles neu erscheinende Asien betreffende Schrifttum aufgenommen wird. Ein bekannter Sinologe hat die wissenschaftliche Leitung übernommen und wird sich demnächst in Frankenau niederlassen. Uns fehlen in erster Linie chinesische Bücher, die zu beschaffen hier unmöglich ist. Wäre es möglich auf dem Tauschwege gegen deutsche Bücher welche zu bekommen? Früher waren die Ausgaben der Shanghai-Press [wohl: Commercial Press] so billig, daß ein Betrag von wenigen Yüan genügt hätte, um uns den Grundstock zu

46 Seit 1892 der 17. Wiener Bezirk.
47 Lisl Exner, Frankenau 28.4.1921– †7.2.2014 Bad Wildungen; s.o. die biographische Skizze.

einer chin. Bücherei zu liefern. Heute ist das aber auch drüben alles anders geworden. Leider habe ich nun keine Bekannten mehr drüben und Fam. Heiss hat ebenfalls auf mein letztes Schreiben hin nicht mehr geantwortet. Es ist halt heut sehr schwer, irgend etwas aufzubauen. Meinen Eltern geht es soweit ganz gut, sie leben nach dem Verlust der Wohnung in Wien im Waldviertel. Netolitzky ist mit den Seinen in Husum und dort als Arzt tätig. Ihnen scheint es auch gut zu gehen. Daß wir ein Töchterchen von nun einem Jahr haben, werde ich Ihnen schon geschrieben haben. Sie heißt Uta Maria Theresia und ist ein liebes Kind. Wir sind zufrieden und hoffen auf einen baldigen endgültigen Frieden, damit endlich alle Hemmnisse wieder beseitigt werden.

Nun habe ich eine Bitte. Daß ich Pg war, werden Sie wohl noch wissen. Nun werde ich deswegen und wegen meiner Zugehörigkeit zu verschiedenen Organisationen nach dem Befreiungsgesetz angeklagt. Vorgestern erhielt ich nun die Klageschrift, die u.a. folgendes ausführt:

„... der Name Exner war ja weit über die Grenzen Österreichs hinaus bekannt und die Auslandsreisen, welche angeblich zu dem Zweck dienen sollten, um den bereits bestehenden Kontakt mit der NSDAP zu verlieren, sind ebenfalls erdacht und erlogen, denn Bl. 26 der Akte beweist, daß diese nicht aus Furcht vor der NSDAP, sondern vor dem österreichischen Staat geschahen, weil er als ein berüchtigter Naziaktivist bekannt war und die Reisen gleichzeitig Mittel zum Zweck waren, um im Ausland mit der dortigen Organisation der NSDAP in Verbindung zu treten. Die hauptberufliche Karriere des Betr. begann tatsächlich erst nach dem Zusammenschluß mit Deutschland. Der Betr. gehörte zweifellos zur Prominenz der NSDAP und sein aktivistisches, propagandistisches Verhalten von 1930–1945 – Rundfunkvorträge, Gründung der Bambushalle, Vorstand derselben, Herausgabe einer Zeitschrift (Asienberichte[48]) – sowie seine angeführten Mitgliedschaften, Ämter und Ränge sind Beweis dafür, daß er voll und ganz und aus innerster Überzeugung ein Naziaktivist war."

48 Die Zeitschrift erschien seit 1939 im Siebenberg-Verlag, Wien-Peking, zunächst als *Berichte des Asien-Arbeitskreises*. Hrsg. von der Reichsstudentenführung. 1940 wechselte sie den Titel und hieß *Asienberichte*. Ab 1944 hieß sie dann *Ostasienberichte*. Hrsg. im Ostasien-Institut, Berlin. Das letzte erschienene Heft war wohl Nr. 23. 1945. Das Ostasien-Institut wurde 1943 gegründet und war SS- und Wehrmacht-finanziert. Eine besondere NS-Schlagseite ist an der Zeitschrift nicht zu erkennen.

Da diese Anschuldigungen teilweise nicht der Wahrheit entsprechen bezw. meiner Tätigkeit in China eine falsche Auslegung unterschoben wird, bitte ich Sie, der Wahrheit entsprechend mir – mit Ihren Worten selbstverständlich – folgendes eidesstattlich zu versichern:

Daß ich erst mit dem Anschluß als Befürworter desselben und als Pg mich zu erkennen gab. (Wir trafen uns gerade am Tage des Einmarsches deutscher Truppen in Österreich und Sie waren deswegen sehr niedergeschlagen. damals versuchte ich Sie zu beruhigen, auch versicherte ich Ihnen, daß damals die übergroße Mehrheit der Österreicher den Anschluß wünschte.)

Daß ich im Frühjahr 1948 [d.i. 1938] vor dem Anschluß in Peking mit amtlicher österr. Unterstützung eine „Österreichische Werbung für den Fernen Osten“ einrichtete und Sie dafür den Umschlag eines Werbeprospektes zeichneten, das ich dann auch in vier Sprachen herausbrachte. Im Rahmen dieses Unternehmens veranstaltete ich Kino-Vorführungen mit österr. Werbefilmen, davon eine auch an Ihrer Universität.

Daß ich, um das Ansehen Österreichs zu heben, im Einvernehmen mit unserem damaligen Konsul Bauer in Tientsin am „Dreibund“-Friedhof in Peking 1937 ein Kriegerdenkmal für die Gefallenen der k.u.k. Kriegsmarine in China errichtete.

Daß meine Vorträge am Pekinger Lokal-Sender XGOM lediglich der Werbung für Österreich dienten, Schallplatten dazu hatte ich besonders mitgebracht.

Daß ich mich deswegen solange in Peking aufhielt, um mich weiterzubilden und um Land und Leute und Sprache kennenzulernen. Daß ich damit die vor dem ersten Weltkrieg schon von meinem Vater unternommenen Reisen nach Ostasien des Geschäftes halber fortsetzte, daß also meine Asien-Reisen keinen parteipolitischen Zweck verfolgten. Wen hätte ich auch in Peking für die NSDAP werben können? Die Leute könne sich hier leider kein richtiges Bild über die Verhältnisse drüben machen.

Wissen Sie noch, wie wir uns um den ziemlich verkommenen Schneider Steiner – er hatte einen Laden in der Hatamen – bemühten, um aus ihm wieder einen ordentlichen Menschen zu machen? Aber das gehört nun nicht mehr zur Anklage. Mir wäre es sehr lieb wenn, wenn Sie, etwa wie ich ausführte, Aufschluß über meine Tätigkeit in Peking geben würden. Auch bitte vergessen Sie nicht zu bestätigen, daß die Gründung des Siebenberg-Verlages in Peking bereits 1936 erfolgte und daß Ihnen in Zusammenhang damit von keiner Parteipropaganda bekannt war.

Seien Sie versichert, daß es mir sehr unangenehm ist, an Sie mit dieser Bitte heranzutreten, aber ein ungünstiger Spruch kann mich noch auf Jahre hinaus von meiner Asien-Arbeit abhalten. Daß ich nicht zu den Böswilligen gehöre, wissen Sie. Sie werden sich denken können, wie ich heute zum Nationalsozialismus stehe. Doch werde ich Ihnen davon erst später einmal berichten, um nicht den Anschein zu erwecken, Sie beeinflussen zu wollen. Hoffentlich gelangt dieser Brief in Ihre Hände. Mit den herzlichsten Wünschen für Sie und auch für Herrn Br. Tauber bin ich
[WEX]

3

Peking, 9. August 1948

Lieber Herr Exner
Heute mittags erhielt ich Ihr liebes Schreiben vom 31. Mai d.J.!

Hat also mehr als 10 Wochen herumgebummelt, dieses Schreiben und dasselbe wird wohl auch mein Schreiben machen, das ich am 1. Juli, zusammen mit 2 Bücherkatalogen an Sie abgesendet habe – die Briefe haben sich also gekreuzt. Gut ist's, daß wir immer noch Ferien haben, ich Zeit genug habe, um Ihnen zu schreiben und womöglich zu helfen. Ich nehme an, daß mein Schreiben vom Juli mittlerweile schon dort eingelaufen ist.

Die Verhältnisse hier sind immer noch so, wie in diesem Briefe geschildert, es ist immer noch friedlich, obwohl die Teuerung ansteigt, die Geldentwertung fortschreitet (1 amerik. Dollar gilt heute 10 Millionen chines. Dollar) und obwohl die Rote Gefahr wächst. Die Anmeldungen für die Hochschule überschreiten die des Vorjahres um fast die Hälfte, sind über 4000 – trotz Teuerung! Peking ist überfüllt von Flüchtlingen, im Sommerpalast, Konfuziustempel ... Himmelstempel ... überall Flüchtlinge einquartiert. Wie das weitergehen wird und wie lange?

Nun zu Ihrer Bitte. Ich --- ennen[49], wenn ich hier wahrheitsgemäß —— [b]eziehungen waren und wurden.

Erst habe ich ja Ihren ---- ernt; da er als Kunsthändler hier wa --- ule hier bin, so fanden wir uns als —— dann zufällig kennenlernte, Sie sich —— und überdies noch als Werber für —— vorstellten, übertrug sich meine A—— fast automatisch auf Sie, seinen Sohn ——das sind, wofür Sie sich ausgaben —— [gan]ze Lehrkollegium der Universität, wir nahmen Sie für das, wofür Sie sich ausgaben – wäre das nicht gewesen, der Universitätsrector hätte Sie

49 Die Textlücken sind dadurch bedingt, daß aus dem Brief ein rechteckiges Stück herausgeschnitten wurde.

damals unmöglich feierlichst zum gemeinsamen Mittagessen eingeladen. Wir freuten uns, Landsleute und Leute des damals so schwerbedrohten, kleinen Österreichs bei uns zu haben – und dachten, daß Sie Österreich so lieb hätten wie wir. So blieb, bis Sie uns selbst als Erster die Nachricht vom Einmarsch der deutschen Truppen in Österreich mitteilten und Sie sich mir, unmittelbar nachdem Sie uns diese Nachricht überbracht hatten, als Nationalsozialist zu erkennen gaben. Sie setzten mir damals auch die Gründe auseinand, die Sie diese Partei wählen ließen und nannten als einer der ersten: das winzige Österreich ist zu klein, um lebensfähig zu sein.

Nach dieser Unterredung habe ich Sie nicht mehr gesehen und von Ihnen erst wieder gehört, als Sie mir, ich glaube 1947, wieder schrieben.

Das ist alles, was ich angeben kann. Gerne bestätige ich auch, daß Sie hier in Peking eine Werbeschrift für den Fremdenverkehr nach Österreich herausgegeben haben – für die ich ein sehr betont österreichisches Titelbild zeichnete; auch daß Sie an unserer Universität einen Lichtbildvortrag „Österreich“ hielten – frei von jeder Nazipropaganda – und daß Sie weder Opfer noch Mühe scheuten, um am Grabe der in Peking gefallenen österreichischen Soldaten ein Kriegerdenkmal zu errichten. In welchem Jahre die Gründung des Siebenberg-Verlages in Peking erfolgte, kann ich leider nicht angeben; es wird schon 1936 gewesen sein. Nie habe ich gehört, daß im Zusammenhang damit Parteipropaganda getrieben wurde.

Von Herzen wünsche ich, daß Ihnen, lieber Herr Exner, meine Angaben nützen. Ich grüße herzlich Ihren guten Herrn Vater, Ihre liebe Frau und Ihr Kind – und vor allem Sie. Ihr alter Br. Berchmans Brückner
Auch Br. Tauber grüßt herzlich.

4

Rom, 25. August 1964

Sehr geehrter Herr Exner,
Froh grüßt Sie Bruder Berchmans, Franz Brückner, der bis Jänner 1949 Lehrer am Kunstdepartment der Katholischen Universität in Peking war, seither Bibliothekar im „Collegio del Verbo Divino“ in Rom ist – und der sich Ihrer noch oft erinnert! Erinnern Sie sich auch seiner noch?

Vor einigen Tagen war ich auf Urlaub in Wien und besuchte dort auch den Sohn meines Vetters, den Dr. Julius Sederl[50]. Ich erzählte von den „Ereignissen und Gestalten“ aus meiner Pekinger Zeit; und dazu gehört ja vor allem auch die Geschichte unserer Bekanntschaft. Als ich Ihren Namen

---

50 Möglicherweise der Frauenarzt Dr. Julius Sederl.

nannte und bemerkte, daß es mir leid tue, von Ihnen nichts mehr gehört zu haben, da ging mein Vetter sogleich zum Telefon, rief einen seiner Bekannten an und fragte diesen, ob er nichts vom Herrn Walter Exner wisse. Prompt gab der Befragte nicht nur Ihre Adresse an, er erzählte auch, daß es Ihnen sehr gut gehe, daß Sie noch Kunsthändler seien, daß Sie noch vor kurzem eine schöne Ausstellung veranstaltet hätten – in welcher auch eine Kollektion chinesisch-christlicher Bilder, 10, gezeigt wurden ...

Über diese ganz unerwartete, gute und interessante Auskunft war ich sehr froh – und bin es! Ich hoffe, daß sie unsere gute, alte Bekanntschaft, die durch das politische Geschehen gestört wurde, wieder angeknüpft hat; und daß Sie noch lange, gesund und froh, Ihrem schönen Berufe leben können.

Ich bin nun, 73 Jahre alt, nur mehr ein Liebhaber der Kunst; für einen solchen ist Rom der rechte Platz. Eine besondere Freude ist es mir, wenn ich in Büchern und Zeitschriften immer noch und immer wieder die christlich-chinesischen Bilder meiner chinesischen Schüler und Kollegen sehe. Leider habe ich mit ihnen keinerlei Verbindung. Das Buch „Ars Sacra Pekinensis“[51], Verlag St. Gabriel, Mödling bei Wien – Herausgeber Dr. Friedrich Bornemann, wurde sehr gut aufgenommen (die deutsche Auflage ist vergriffen, von der italienischen[52] habe ich noch etwa 150 Exemplare hier) soll neu und vermehrt aufgelegt werden. Wenn Sie mir für diese Neuauflage mitteilen würden, wieviele, welche chin. christl. Bilder sich in Ihrem Besitze befinden (Titel, Größe, Jahr, Maler – event. ein Foto!) so wäre ich Ihnen recht dankbar. Ich sende gleichzeitig mit diesem Brief ein Ex. *Ars Sacra Pekinensis* (leider nur italienisch!) an Sie ab.

Und nun grüße ich Sie recht herzlich und hoffe, daß auch Sie sich freuen, wenn die alte, gute Bekanntschaft wieder angeknüpft ist.

Gern denkt an Sie
Br. Berchmans
Franz Brückner

---

51 1950 erschienen. 239 S.

52 *Ars sacra Pekinensis. La pittura chinese cristiana all'Università Cattolica (Fu Jen) di Pechino.* Übers.: Ernestina Friepes. Vienna-Mödling: Tipogr. Missionaria San Gabriele 1950. 239 S.

5

Br. Berchmans, SVD
Collegio del Verbo Divino
C.P. 5080
Roma-Ostiense

5. Sept. 1964

Sehr verehrter, lieber Br. Berchmans!
Es war mir eine große Freude, nach langen Jahren wieder von Ihnen zu hören – überrascht war ich allerdings nicht ganz, weil ich von Wien schon Nachricht erhalten hatte, daß Sie mir schreiben wollten. Überrascht hat mich allerdings Ihr Buchgeschenk mit der freundlichen Widmung und ich danke Ihnen recht, recht herzlich dafür!

Ich freue mich, daß es Ihnen gut geht im schönen Rom – gesehen habe ich es zwar noch nicht – und immer, wenn ich an Peking denke, denke ich auch an Sie und die netten Stunden, die wir zusammen verbrachten. Zwar habe ich schon von Freund Heissig[53] gehört, daß Sie in Rom sind, aber nie hat es bei mir gereicht, mich an Sie zu wenden. Der verlorene Krieg hat mein Leben völlig in neue Bahnen gelenkt. Viele Jahre mußte ich ein recht erbärmliches Dasein führen, das eigentlich nur von meiner Frau – wir heirateten im Herbst 1945 und haben zwei Töchter – nicht nur geteilt, sondern auch verstanden wurde.

Eigentlich bin ich gar kein Kunsthändler im Augenblick, sondern Leiter eines selbstgebastelten Instituts, Eigentümer des einzigen privaten Asien-Museums in deutschen Landen – vielleicht sogar in Europa –, und glücklicher Besitzer einer etwa 7000 Bände umfassenden ASIEN-BÜCHEREI, die ich ganz allein nach dem Kriege aufgebaut habe. Also sind wir sozusagen Berufskollegen, ganz abgesehen von unserer gemeinsamen Liebe zur ostasiatischen Kunst. Mein Ziel ist es, hier ein privates Studienzentrum zur Erforschung und Erkennung dieser Kunst und der ostasiatischen Kultur zu schaffen und fühle mich trotz aller sichtbaren Erfolge – ich stehe im Bd. 13 des Gr. Brockhaus z.B. – immer noch am Beginn.

---

53 Walther Heissig, Wien 5. Dez. 1913–15. Sept. 2005 Rheinböllen, wurde 1964 Professor für Mongolistik an der Universität Bonn. Vgl. H. Walravens: *Walther Heissig (1913–2005), Mongolist, Zentralasienwissenschaftler, Literaturwissenschaftler und Folklorist: Leben und Werk – Würdigungen, Dokumente, Forschungsberichte und Rundfunkprogramme auf Audio-CD*. Wiesbaden: Harrassowitz 2012. 460 S.

Ich habe Ihnen, damit Sie sehen, womit ich mich beschäftige, die soeben erschienenen Hefte meiner beiden Bibliographien[54] zugeschickt – die leider von Druckfehlern strotzen. Aber aus Zeitmangel schreibe ich alles sofort in die Maschine. Ihre Frage nach den christlichen Bildern habe ich insofern beantwortet, als ich Ihnen sofort meine ganze Auswahl an Postkarten schickte; dem können Sie entnehmen, daß ich als Postkartenverleger ostasiatischer Kunst eine internationale Stellung einnehme. Diesen Herbst erscheinen 20 neue Karten, von denen zwölf schon mitgeschickt sind.

Die Druckstöcke der christlichen Malereien stammen noch aus dem Jahr 1939 und sind hinüber; sie gehören übrigens dem Päpstl. Werk zur Verbreitung des Glaubens. Für ein neues Buch müßten sie neu angefertigt werden und mir wäre es recht, von den neuen Druckstöcken (wenn) Galvanos in Postkartengröße für die Zurverfügungstellung zu bekommen. Doch darüber später mehr.

„Ars Sacra Pekinensis" besitze ich natürlich (!) in deutsch. Aber Ihr Buch mit Widmung ist für mich wertvoller, weil es mir ein mir lieber Bekannter geschenkt hat.

Dies zunächst für heute. Ich bin Ihnen sehr dankbar, unsere Bekanntschaft erneuert zu haben, sicher gibt es heute noch viel mehr Berührungspunkte als ehedem.

6

8.2.65

Herrn Bruder Berchmans, SVD
Collegio del Verbo Divino
Roma-Ostiense

Lieber Br. Berchmans!

Seit längerer Zeit schon wollte ich wieder ein Lebenszeichen von mir geben, die nunmehr vollzogene Übersiedlung nach Bad Wildungen hat aber mit all den damit zusammenhängenden Dingen meine Zeit vollständig in Anspruch genommen.

---

54 *Asien-Bibliographie* (1949–1986) sowie *Bibliographia asiatica* (1953–1977) erschienen ursprünglich in Frankenau und später in Bad Wildungen.

Ende letzter Woche besuchte mich der Alttestamentler P. Dr. Krinetzki[55], ein Benediktiner, dem ich behilflich war, für ein Buch, das im Kath. Bibelwerk erscheint, chines. Holzschnitte herauszusuchen. Selbstverständlich kam die Rede auch auf Sie, und es tauchte der Gedanke auf, ein Faltbuch mit 13 Abb. chines. Maler aus dem Leben Jesu herauszubringen. Leider kann ich nur einige Bilder dazu beisteuern, weshalb ich mich an Sie mit der Frage wende, ob Sie nicht in der Lage wären, fehlende Vorlagen zu besorgen zu können. Wenn es Sie reizte, solch ein kleines Bändchen selbst zusammenzustellen, würde ich es herzlich begrüßen.

Die Druckstöcke müßten allerdings Postkartengröße haben, vielleicht könnte man sie auch – wenn – für den neuen Ars-Sacra-Pekinensis-Band gleich mitverwenden.

Um Ihnen einen Eindruck meiner Faltbücher zu vermitteln, habe ich heute die erschienenen an Sie abgeschickt und hoffe, Ihnen damit auch eine ganz kleine Freude zu bereiten. Ein Faltbuch „Gotische Madonnen aus Niederösterr.“[56] ist in Arbeit, vielleicht findet sich dazu auch noch ein „Chinesisches Marienleben“, wenn man an die Bilder überhaupt rankommen kann. Geplant ist auch ein „Engelkonzert aus Österreich“, Aufnahmen musizierender Barockengel von Orgeln, Kanzeln und Altären.[57]

Das Faltbuch ist übrigens meine „Erfindung“ und als Muster international geschützt. Es bildet die Vereinigung von Leporello und ostasiat. Blockbuch; durch Herausnahme der Einsteckschlaufe läßt sich der Bildteil herausziehen und alle Bilder können gleichzeitig betrachtet werden.

Gerne würde ich einmal nach Rom kommen – ich habe noch [nie] italienischen Boden betreten – aber die Umstände und die Beanspruchung scheinen diesen Wunsch noch in weite Ferne zu rücken. Es wäre mir ein großes Vergnügen, Sie bei dieser Gelegenheit wieder sehen zu können, nach nahezu drei Jahrzehnten.

Für heute aber zeichne ich mit den aufrichtigsten Wünschen und herzlichsten Grüßen
stets als Ihr [WEX]

---

55 Günter Krinetzki, Berlin 1929–20. April 1986, Bibelwissenschaftler, Professor für Altes Testament und Hebräisch an der Universität Passau. Vgl. Otto Knoch: Nachruf für Professor Dr. Günter Krinetzki. *Bibel und Kirche* H. 2/1987, S. 80.

56 Rupert Feuchtmüller: *Gotische Madonnen aus Niederösterreich*. Zwettl: Siebenberg-Verlag 1965. Faltbuch, 10 Bl.

57 Die beiden Titel wurden offenbar nicht realisiert.

7
[Briefkopf:] Vivat Deus Unus et Trinus in cordibus nostris

Collegio del Verbo Divino
Via dei verbiti,1 – Roma Ostiense
C.P. 5080 – Tel. 590.059

Roma, 26. Mai 1965

Lieber Herr Exner
Wenn mir für Brief und Geschenk erst nach 4 Monaten geantwortet und gedankt würde, so würde mir die Anrede „lieber Herr" kaum ehrlich klingen. – Und dennoch ist obige Anrede ehrlich gemeint!
Ich habe nicht früher geschrieben und gedankt, da ich zu Ihrem schönen Vorschlag der Meinung und Zustimmung meines Oberen bedurfte; und dieser war bis Mitte Mai in Südamerika und ist erst vor einigen Tagen nach her zurückgekommen.

Darum erst jetzt recht herzlichen Dank für Ihr freundliches Schreiben vom 8. Februar und für die Sendung der vier eleganten Faltbücher; jeder, der diese sah, lobte sie und wünscht, wie Sie und ich, es möchten in gleich schöner Form chinesische Bilder aus dem Leben Jesu bald zu haben sein. Doch wie diesen Wunsch verwirklichen?

Mein Mitbruder hier, Dr. Bornemann, der die Neuauflage des Buches Ars Sacra Pekinensis (er ist auch der Herausgeber der 1. Auflage dieses Buches) vorbereitet, ist mit den Vorbereitungen noch wenig weit gekommen. Noch sind keine neuen Bildstöcke gemacht. Alle Bildstöcke der 1. Auflage sind in unserer Druckerei in St. Gabriel, Mödling, und haben nicht die gewünschte Postkartengröße. Wir haben hier noch 20 farbige Originale, die noch nicht veröffentlicht wurden, aber ich weiß nicht, welche und wieviele davon für die Neuauflage verwendet werden sollen; weiß nicht, ob ein- oder mehrfarbig. Die Unterhandlungen über die Herstellung der Bilder werden noch viel Zeit und Papier und Geld kosten und es ist leicht möglich, daß ich das Erscheinen des neuen Buches nimmer erleben werde; bin doch schon bald 74 und weißköpfig auch; da ist es Zeit, „das Kofferl für die Heimreise" zu packen – und die Zeit vergeht da schnell. Aber bis dahin werde ich Ihren und meinen, und den Wunsch Vieler, nicht aus den Augen verlieren, den Wunsch, Faltbücher, feine, mit chin. christl. Bildern aus Ihrem Verlage, zu sehen; und werde diesen Wunsch fördern, so gut ich kann, Ihnen auch über den Fortschritt der Vorarbeiten Mitteilung machen.

Die Zeit vergeht so schnell! Schon sind es mehr als 25 Jahre, daß wir uns zum 1. Mal gesehen haben (ich glaube, es war im „Gu gung“ [故宮] (Verbotenen Stadt) oder im Wan schou schan [萬壽山] (im Sommerpalast), ich hielt Sie für einen indischen Prinzen! Dann waren Sie (zu dritt) unsere Gäste – und dann! All das sind mir liebe, unvergeßliche Erinnerungen! Und ich freue mich, daß der Aufenthalt in Peking der Anfang zu Ihrer jetzigen schönen Lebensaufgabe wurde, zu der ich Ihnen immer viel Freude, Gesundheit und viel Erfolg wünsche; Erfolg, zu dem auch ich ein ganz klein wenig beitragen möchte!
Recht herzlich grüßt Sie und dankt
Br. Berchmans

Nachschrift.
Lieber Herr Exner! Gleichzeitig mit dem Brief sende ich 16 Fotos eines Rosenkranz-Zyklusses an Sie ab, den der chin. Maler Wang Su-da[58] gemalt hat. Die Originale sind in unserem Besitz und im Buch Ars Sacra Pekinensis noch nicht veröffentlicht. Das wären schöne Bilder für Faltbücher – wie ich meine. Leider können wir aber jetzt – der hohen Kosten wegen – noch keine Farbfotos oder gar Klischees herstellen lassen. Vielleicht später.
Jetzt sollen diese 16 Fotos nur ein kleines Zeichen meines Dankes sein.

Die Bilder sind:

Nr.1 Mariae Verkündigung		
2 Mariae Heimsuchung		
3 Christi Geburt	freudenreicher	
4 Christi Opferung		
5 Jesusknabe im Tempel		
6 Jesu Todesangst		
7 Geißelung Christi		
8 Verspottung Christi	schmerzhafter	Rosenkranz
9 Kreuztragung		
10 Kreuzigung		
11 Christi Auferstehung		
12 Christi Himmelfahrt		

58 Wang Suda 王肅達, 1911–1963, studierte 1933–1936 an der Kunstabteilung der Furen-Universität und unterrichtete anschließend Kunst an der Furen-Mittelschule. Er trat mit zahlreichen christlichen Bildern hervor.

13 Geistessendung glorreicher
14 Mariae Himmelfahrt
15 Krönung Mariae

und Bild A: der Maler Wang Su-da und seine Familie kniet vor der Rosenkranzkönigin[59]

Daß Sie sich der Bilder erfreuen, das wünscht
Bruder Berchmans

Rom, 26. Mai 1965

8

14.8.65

Lieber Br. Berchmans!
Heute ist es an mir, mich zu entschuldigen, daß ich Sie so lange ohne Antwort und Dank gelassen habe. Gestern habe ich mein letztes Heft der ASIEN-BIBLIOGRAPHIE abgeschlossen, gleichzeitig konnte ich endlich auch den Text zu dem Büchlein *Gotische Madonnen aus Niederösterreich* zum Satz geben, sodaß ich nun Zeit – und Einstellung – finde, Briefschulden zu tilgen. Dazu kam heute als Drucksache die Krönung Mariens von Lu Hung-nien[60] – recht schönen Dank! – aber nicht nur deshalb will ich nun sofort Sie nicht länger warten lassen.

Bald nach Ankunft Ihres Briefes vom 26.5. habe ich meinen österr. Vertreter in Wien – er ist in der Dom-Buchhandlung tätig und in kath. Kreisen bekannt – gefragt, was er über ein Faltbuch *Marienleben* denkt. Leider war seine Auskunft nicht sehr ermutigend. Auch eine Anfrage beim Kath. Bibelwerk in Stuttgart, dessen Verlagsleiter ich kenne, blieb ohne Erfolg. Man verspricht sich nicht allzu viel davon; vielleicht auch deshalb, weil chinesische und kommunistisch heute gleichgesetzt werden.

Leider sind die mir zur Verfügung stehenden Druckstöcke aus dem Jahr 1939 nicht mehr gut, so daß ich sie erneuern lassen muß, d.h. neu anfertigen,

59 Dieses Bild ist jetzt auf dem Website *www.haus-voelker-und-kulturen.de* zu sehen; laut dem Katalog von J. F. Thiel befindet sich die ganze Serie in St. Augustin (Haus Völker und Kulturen).

60 Lu Hongnian 陸鴻年, 1914–1989; auch er studierte 1922–1936 an der Kunstabteilung der Furen-Universität, war anschließend an der Furen-Mittelschule tätig und trat mit christlichen Bildern hervor.

was viel Geld kostet. So muß ich leider den schönen Plan hinausschieben. Was anderes wäre es, wenn in die Neuauflage von *Ars Sacra Pekinensis* weitere Farbtafeln aufgenommen würden, die auch meinem Interesse entsprächen. Wenn es künstlerisch vertretbar ist, in das Faltbuch nur Ausschnitte in Postkartengröße etwa aufzunehmen, aus der *Ars Sacra* etwa die Tafeln 58, 126, 134, 170 und 184, könnte man zusammen die 2. Aufl. um 8 oder auch nur um 4 neue Farbtafeln vermehren. So zwar, daß *Ars Sacra* die ganzen Bilder, ich aber nur Ausschnitte aufnehme. Ende Sept. bin ich wieder in Wien und werde diesmal die Gelegenheit wahrnehmen, in St. Gabriel vorzusprechen.

Hoffentlich bleiben Sie noch recht lange gesund und rüstig, damit ich, wenn ich nach Rom komme, Sie auch treffen kann! Eines meiner nächsten Faltbücher bringt Bilder der Österr. Galerie im Belvedere. Ich habe inzwischen wieder einen Gewerbeschein für Zwettl/Nö. als Verleger erhalten und bringe bevorzugt Kunst aus Österreich in Form von Karten und Faltbüchern. Sollten Sie wieder einmal nach Wien kommen, lassen Sie es mich bitte vorher wissen, vielleicht kann ich es einrichten, ebenfalls dann nach Wien zu kommen.

Finanziell hat sich meine Lage seit meinem letzten Brief sehr verbessert, manche Wünsche werden nun in Erfüllung gehen. Unser Wohnzimmer hier in Bad Wildungen, wo wir seit Jänner wohnen, wird in Biedermeier eingerichtet. Die Möbel habe ich z.T. in Wien gekauft. Es ist mir nach jahrelangem Bemühen auch gelungen, eine Spieldose mit dem Radetzkymarsch aufzutreiben, den ich in eine Biedermeieruhr einbauen lasse. Es sind stets die kleinen Dinge im Leben, die die größte Freude bereiten. Ein Waldstück von Gauermann konnte ich vor Jahresfrist hier billig erwerben – in Wien hätte es vielfach mehr gekostet. Zu Beginn des Jahres haben wir in Frankenau – 19 km von hier, dem Geburtstort meiner Frau – ein Haus gekauft, das wir jetzt nach eigenem Geschmack einrichten. Dort kann ich endlich meine 7000 Asien-Bücher würdig und sinnvoll unterbringen.
Für heute grüßt Sie herzlich Ihr dankbarer [WEX]

9

[Postkarte, Motiv von Qi Baishi[61] 齊白石]
Lieber Herr Exner!
Hoffe, daß diese Zeilen Sie gesund und froh antreffen!

61 Qi Baishi, 1864–1957, einer der bekanntesten neueren Maler Chinas.

Die Hoffnung auf eine Neuauflage von „Ars Sacra Pekinensis“ ist sehr trüb – und wird so bleiben, solange in Europa u. Amerika die Freunde Chinas nicht mehr werden; jetzt, so meint man, fände eine Neuauflage zu wenig Abnehmer.

Nun, ich und viele meiner Mitbrüder bleiben Chinafreunde, weil wir unter den Chinesen so viele gute Menschen kennen! und weil wir die Chin. Kunst lieben!

Ganz zufällig kam mir der Prospekt der Firma Buchheim[62] in die Hände, den ich Ihnen gleichzeitig mit einer Liste[63] übersende, in der die meisten der in unserer Pekinger Kunstschule gemalten Bilder angegeben sind.

Auch das Billett, auf dem ich hier schreibe, kommt von Buchheim – und umseitiges Bild ist „wieder zufällig“! vom Vater eines meiner Schüler, dem 90jährigen Maler 白石, welcher wohl der meistbekannte, beliebteste Künstler der jetzigen Zeit in u. außerhalb Chinas ist. Ich kannte ihn sehr gut.

Wie merkwürdig sind doch oft „Zufälle“!
„Zufall“? auch unsere Bekanntschaft, über die ich mich freue!
Froh grüßt
Br. Berchmans Brückner

10

Viel Glück und Freud am und im eignen Haus!
Ob ich für Ihr liebes Schreiben vom 14.VIII.65 schon gedankt habe? Wenn nicht, so jetzt!
Ein frohes Weihnachtsfest, Gesundheit, Fried’ und Erfolg und viel Freud wünscht
Br. Berchmans Brückner

Rom 18.XII. 1965

11

Rom, 19. Febr. 1966

Lieber Herr Exner!
Seien Sie mir nicht bös, weil ich für das festlich-prächtige Weihnachtspaket, für den schönen Kalender und für die „Gotischen Madonnen“ aus unserer

62 Der Verlag des vielseitigen Künstlers und Autors Lothar Günther Buchheim, Weimar 1918–2007 Starnberg.

63 Wohl: Berchmans Franz Brückner: Die Sammlung chinesisch-christlicher Bilder in 12 Holzmappen. *Verbum* 7.1965, 247–254. S. u. den Nachdruck.

Heimat und für Ihr liebes, herzliches Schreiben vom 19. Jänner[64] so spät danke.

Spät – trotzdem der „schlanke“, schöne Kalender da vor mir hängt und mich oft und oft an Sie und Ihr armes krankes Kind erinnert; trotzdem das Madonnenbuch nicht formschöner sein kann und mir auch darum lieb ist, weil meine selige, liebe Mutter im Waldviertel in Frainersdorf bei Znaim geboren ist – aber, lieber Herr Exner, die Zeit vergeht so schnell und ich werde mit so vielem nicht fertig! Auch wußte ich nicht, womit ich Ihnen eine Gegengabe machen könnte; die Absicht „Ars Sacra Pekinensis“ neu aufzulegen ist ja aufgegeben und das Einzige, was ich von China hörte, ist, daß mein Schüler Wang Suda, der begabteste chin. christliche Maler, gestorben ist, Ende 1965.

Heute ist Faschingssonntag! Da habe ich vor kurzem erst von einer unserer Schülerinnen – sie ist jetzt Universitäts Lehrerin auf Formosa – ein Neujahrsbillett bekommen (Am 5. Februar war Chinesisch Neujahr). Dieses Billett gefällt mir sehr (ähnlich „sehr“) wie mir die „Spitzwegbilder“ gefallen! „Liebenswürdiger Humor“, kleinbürgerliche, romantische Welt – der „guten, alten, chinesischen Zeit“! deren letzte Scene ich ja noch miterlebte; denn ich kam 1923 nach China. – das Billett also gefällt mir sehr – ich habe oft solche kostümierte Stelzengänger, wie die Dargestellten, gesehen. Vielleicht auch Sie? Oder Ihr Herr Vater, der ja auch in Peking war? Ja, ich glaube sogar, ihn in der Neujahrszeit auf den Neujahrsmarkt geführt zu haben. Oder irre ich mich? Jedenfalls freue ich mich, Ihnen jetzt des Billett senden zu können in der Annahme, daß Sie sich darüber freuen werden wie ich – wenngleich es mir gesandt wurde. Und diese Freude sei der Dank für die, welche Sie mir machten! Dem Billett lege ich die deutsche Übersetzung des chines. Textes bei; sie ist von chinesischen Priester-Studenten gemacht, darum „garantiert echt“ wenn auch etwas holprig. Deutsch ist für Chinesen schwer – wie Chinesisch für Deutsche!

Fasching heute! Römischer Fasching! Der war einst hochberühmt – und Freude für das ganze, römische Volk – für arm u. reich! Jetzt sieht man davon nur noch etliche kostümierte, kleine Kinder auf den Hauptstraßen und viele bunte Papierschnitzeln! Die Welt ist „nüchtern“ geworden – leider! Oder scheint das nur „uns Alten“ so? Als Knabe habe ich zu Fasching auf einer Kinderbühne mitgewirkt: Das Spiel hieß: „Von der Erde zum Mars“! Und ich spielte den Marskönig <Vampusi>! Und unter den Zuschauern war: Wiens großer Bürgermeister Lueger! Und nach dem Spiel gab's Tanz –

64 „kam am 22.I. hier an.“

Kindertanz! „O alte Kinderherrlichkeit – wohin bist du entschwunden?“ Natürlich trauere ich deswegen nicht – sehe ich, fühle ich doch, daß dies ganze Leben nur ist wie ein Traum, aus dem wir einst, und ich bald, zum wahren, ewigen – und wie ich hoffe – seligen Leben erwachen werden. Doch wünsche ich Ihnen und Ihren Lieben und mir und Allen, daß auch dieser „Traum“, dieser irdische Fasching 1966, ein recht schöner, froher sei!

Wie er bei uns Ordensleuten, hier im Kolleg sein wird? Nun, morgen werden 11 unserer Mitbrüder zu Priestern geweiht werden – Deutsche, Inder, Italiener, Amerikaner, Spanier; da auch deren Verwandte alle eingeladen sind, so wird es in Kirche und Fest- und Speisesaal hochfestlich zugehn – Beten, Singen, Musizieren – für die Neugeweihten ein schöner Traum und frohe Erinnerung für die Zeit, wenn sie draußen sein werden „in aller Welt“ und erfahren werden, wie schwer es ist „alle Welt für Christus zu gewinnen“! Für ihre Ideale! Das also unser Fasching! Nach 3 Tagen Aschermittwoch! und dann Ostern! Ende gut, alles gut!

Der Winter war hier sehr mild und nun beginnt schon das Blühen – himmelblaue Tage wechseln schon immer häufiger mit den grauen, feuchtkalten; dann, nach Ostern bis Ende Juni kommt auch in Rom die schönste Zeit. Wenn Sie kommen – am besten in dieser! Wenn? Wann? Schön wär das, wenn wir uns in Rom „gesund und froh“ wiedersehn könnten! Einladen kann ich Sie ja leider nicht, weil ich weder Haus noch Auto besitze, nur ein wirklich armer Ordensmann bin; noch dazu ein alter, bald 75jähriger, dem das Gehen schon nimmer leicht fällt. Aber das historische und künstlerische Rom würde Ihnen gewiß Freude machen und vielleicht könnte auch ich doch auch mal ein wenig zu dieser Freude beitragen?!

Doch ob wir uns noch wiedersehn oder nicht – immer denke ich gerne an Sie und wünsche Ihnen und Ihren Lieben allen
alles Gute! Herzlich grüßt und dankt
Ihr Br. Berchmans Brückner

12

Ein glückliches Neues Jahr!

Rom, 5. Jänner 1970

Lieber Herr Exner
was sind Sie ein treuer, dankbarer Mensch! Und ich?

Ganz heil ist hier bei mir am 3.1.1970 Ihr feines, ganz unverdientes Geschenk angekommen, die schönen, kühlen Frieden ausstrahlenden Bilder

„Kristallflüsse".[65] Sie haben mir und schon vielen meiner Mitbrüder wahre Freude gemacht! Recht, recht herzlichen Dank dafür!

Mehr noch als über die stille Schönheit dieser Bilder freue ich mich über Ihr treues Denken an mich und an die Zeit und die Umstände unserer Bekanntschaft. Ganz besonders gerne denke ich an unsere erste Begegnung im Kaiserpalast (Gu-gung), an Ihre, Herrn Szongotts und Herrn Netolitzkis Anwesenheit beim Mittagessen in unserer katholischen Universität und ganz besonders an unser letztes Gespräch nach Schluß einer Ausstellung „Chinesisch-christliche Kunst". Ich meine, daß ich das ewig nicht vergessen werde!

30 Jahre sind seither verflossen; ich bin 78 Jahre alt geworden; habe jede Verbindung mit China und meinen Chinesen verloren; bin bereits 20 Jahre in Rom als Buchbinder, Museumsführer – immer auch als Bibliothekar – und Ordensmann; um aber nur mehr als Bibliothekar u. O.m. – denn meine Ohren und Beine taugen nimmer viel – was übrig bleibt, ist aber noch gut genug, um mehr als 20000 Bücher in guter Ordnung zu erhalten und mich vor Pensionierung zu bewahren.

Rom und meine Bibliothek sind mir sehr lieb, an Reisen auch nach Österreich, denke ich kaum mehr – ausgenommen an die allerletzte Reise in die ewige Heimat. Eine neue Rolle in diesem Welttheater[66] (Calderon!) hoffe ich nimmer spielen zu müssen; Wien, Peking, Rom scheint mir genug.

Und Ihnen, lieber Herr Exner, wie mag es Ihnen, Ihren Lieben gehen? Gesund, zufrieden, froh? Ich hoffe, daß Sie auch an Ihrem Verlag viel Freude erleben und daß Ihr Verlag Vielen Freude macht – wie er mir jetzt mit den Kristallflüssen Freude machte. Und noch mehr hoffe ich „wenn einst dies' Spiel geschlossen" (Calderon) Sie froh und glücklich wiederzusehn! Drüben!

Vorerst aber wünsche ich Ihnen und Ihren Lieben ein friedliches, frohes Wandern durch 1970 und alle noch folgenden Erdenjahre,
denke immer an Sie,
danke, dies' Mal besonders für das feine Geschenk
und grüße Sie und die Ihren herzlich!
Ihr Br, Berchmans Brückner, S.V.D.

P.S. Fest der hl. 3 Könige 1970

---

65 *Sechs Kristallflüsse aus Japan* / Hiroshige. Eingeleitet und beschrieben von Walter Exner. Bad Wildungen: Siebenberg-Verlag 1969. 7 Bl. 2°

66 Das große Welttheater (El gran teatro del mundo) von Pedro Calderon de la Barca.

Als ich gestern abends den Brief fertig geschrieben, adressiert hatte und eben schließen wollte, da brachte mir unser Br. Postmeister Ihr liebes, freundliches, leider auch trauriges Schreiben vom 23. XII.!
Guter Herr Exner! Unsere hl. Kirche sagt: „Wenn die Herberge unseres Erdenwallens in Staub zerfällt, steht uns eine ewige Wohnung im Himmel bereit" – auch Ihrem lieben Töchterlein![67]
Daß das Sie und die Ihren tröste
wünscht
B. Berchmans

13
[Weihnachtskarte mit den Abbildungen S. 103]
Poststempel: 7.1.70

Gedruckter Text:
Dies sanctificatus
illuxit nobis,
venite gentes
adorate Dominum!

Ein glückseliges Weihnachtsfest, Gesundheit, viel Freud und Erfolg im Neuen Jahr und immer
wünscht Ihnen, lieber Herr Exner,
Br. Berchmans Franz Brückner

Das beiliegende Bildchen „Madonna im Blauen" [S. 113] ist sehr beliebt und in einigen Formaten, besonders in Amerika, stark verbreitet; es ist von Joh. Lu Hung-nien. Leider fehlt von all meinen Pekinger Malern jede Nachricht. Mit der Neuauflage von Ars Sacra Pekinensis gibt's Schwierigkeiten – sind dazu da, überwunden zu werden!
Wenn es Erfreuliches gibt, schreibe ich wieder. der 老白 [Lao Bai]

67 Sylvia, 1952–1968, litt von Geburt an aplastischer Anämie und hatte damit nur eine geringe Lebenserwartung.

14
[Postkarte: Ansicht der Kuppel des Petersdoms.]

Herrn Walter Exner
D-359 Bad Wildungen
Laustraße 26
Rep. Fed. di Germania
Poststempel: 23.1.1970

Herzlichen Dank für Brief und Bild!
Herzliches Beileid!
Hoffentlich geht Ihr Herzenswunsch in Erfüllung und wir sehen und in Rom froh und gesund wieder!
Es grüßt Sie und Ihre Lieben
Br. Berchmans Brückner

15
[Karte: Rom. Pantheon]

Rom, 31. Jänner 1973

Sehr geehrter, lieber Herr Exner!
Schon am 2. Jänner d. J. kam Ihr lb. Glückwunsch zu Neujahr, kam Ihr Bild hier an. Und ich? Ich bin schon wie ein immer unbrauchbarer werdendes Auto (alter Typ!), das, wenn überhaupt, so nur sehr langsam fährt und verspätet ankommt! Ersatzteile (Kopf, Ohren, Füße ...) sind nicht mehr erhältlich! 82 Jahre alt! Bald klappt's da, bald da nicht in meiner Korrespondenz und im Corpus, nicht. Dennoch glaube ich, daß auch meine Glückwünsche und mein Dank für Ihren noch „rechtzeitig" bei Ihnen ankommen werden! Denn: Chinesisch-Neujahr ist am 3. Februar 1973.

Weil Sie „Östliches" so gerne haben, werden Sie auch diese Wünsche „gerne" gelten lassen! Hoffentlich geht es Ihnen und Ihren Lieben allen in diesem „chinesischen Jahre" in jeder Weise so gut wie 1972; ernten Sie mit vieler Freude die Früchte Ihrer Arbeit, Ihres Fleißes in Darmstadt, Wien und im Burgenland und machen Sie, wenn möglich, Ihren Wunsch wahr und kommen Sie auch nach Rom. Für einen Kunstkenner gibt es da viel Erfreuliches und Nützliches zu sehen und zu erleben! Leider werde ich Ihnen da nicht Rom- und Museumsführer sein können (wie ich es früher hier war) – aber wenn Sie mich frühzeitig von Ihrem Kommen unterrichten, finde ich vielleicht einen romkundigen, österreichischen Mitbruder, der mich vertritt.

Auch sonst werde ich (nach Möglichkeit) gerne behilflich sein! Nur: frühzeitig schreiben – und: gesund bleiben!

Ich bin hier immer noch Bibliothekar, „Hüter“ von 20000 u. mehr Büchern – sonst nicht mehr! – „nichts mehr?“ Nein! Ein Hoffender auf das immer näherkommende Ziel, das ewige, selige Leben! Sonst geht’s, wie das Wetter geht: Sonnenschein und Regen, Licht u. Dunkel .... Aber das Gehen geht immer schlechter – aber auch das geht noch!

In Rom bin ich noch gern; an’s Reisen denke ich nimmer; selbst St. Peter ist mir schon zu weit!

Ich grüße Sie herzlich, und hoffe Sie hier gesund u. froh wiederzusehn! Ihr
Br. Berchmans Brückner

16

[Karte *Roma sparita*, von Franz Roesler, 1845–1907]
Lieber Herr Exner!
Statt eines langen Briefes einen kurzen aber herzlichen Dank! dank für’s freundliche Gedenken und für den schönen Ausstellungs-Katalog! Dieser macht mir und meinem Mitbruder, Dr. Rzepkowski[68] (einem Indienkenner) viel Freude, mir auch deswegen, weil er zeigt, daß einer Ihrer Pläne zur Ausführung gekommen ist! Hoffentlich werden’s die anderen auch! freuen Sie sich noch lange und gesund in Ihrem schönen Eigenheim! Ich denke oft und gerne an Sie! In meinem Zimmer hängt ja die Federzeichnung „Der Steffel vom Donauwalzer umklungen“ (die ich für Sie machte!) und in meinem Album ist Ihr Bild (Farbfoto) vom 2.VIII. 1973!

Ich bin immer noch, obwohl schon 82 Jahre alt und gehbehindert und schwerhörig, „Kommandant von 20000 Büchern“ und dabei recht zufrieden!
Ich grüße Sie und Ihre Lieben recht herzlich!
Ihr Br. Berchmans Brückner Siegel: 白立鼐 [Bailinai]
Rom, 25 Jänner 1974

68 Horst Rzepkowski, 1935–1996, hat sich, neben vielen anderen, vielfach missiologischen Publikationen auch mit der Ars Sacra Pekinensis befaßt.

Bilder zum Briefwechsel

Die meisten der folgenden Abbildungen lagen dem Briefwechsel bei. Besonders bemerkenswert ist der Rosenkranzzyklus von Wang Suda, der schwarzweiß abgedruckt wird, wie Br. Berchmans ihn Walter Exner übersandt hat. Zum Vergleich wird die damals nicht zur Verfügung stehende farbige Version gegeben.

1 Mariae Verkündigung
2 Mariae Heimsuchung
3 Christi Geburt
4 Christi Opferung
5 Jesusknabe im Tempel
6 Jesu Todesangst
7 Geißelung Christi
8 Verspottung Christi
9 Kreuztragung
10 Kreuzigung
11 Christi Auferstehung
12 Christi Himmelfahrt
13 Geistessendung
14 Mariae Himmelfahrt
15 Krönung Mariae

Abgedruckt werden auch Bilder nach Postkarten von Exner, die alle den Vermerk tragen: Sammlung Exner. Der jetzige Verbleib ist nicht bekannt.
Chen Yüan Du [Chen Yuandu, Lukas Chen]: Jesus der Kinderfreund (Sammlung Exner)
Hsü Chi Hua [Xu Jihua]: Seepredigt (Sammlung Exner)
Hsü Chi Hua: Das letzte Abendmahl (Sammlung Exner)
Lu Hung Nien [Lu Hongnian]: Die heilige Familie im Winter (Sammlung Exner)
Lu Hung Nien: Maria im Vorfrühling (Sammlung Exner)
Lu Hung Nien: Die heilige Familie im Hofe (Sammlung Exner)
Shing Lien-fang [Xing Lianfang]: Die heilige Familie im Stall (Sammlung Exner)
Tsu Hun Yi [Cui Hongyi]: Die Verkündigung. (Sammlung Exner)
Wang Su Da [Wang Suda]: Der barmherzige Samariter (Sammlung Exner)

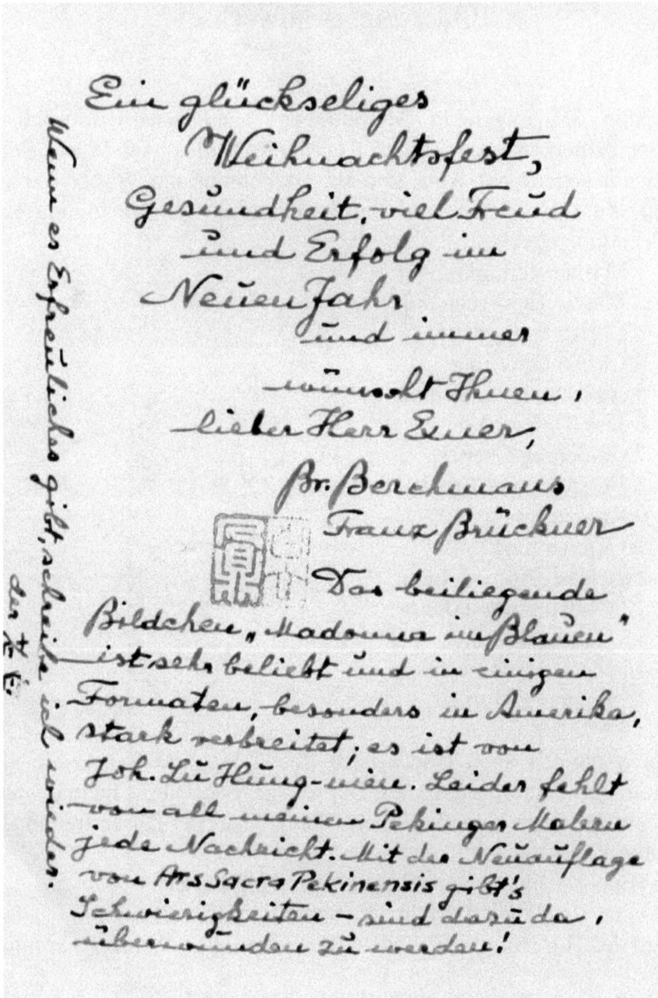

Ein glückseliges Weihnachtsfest, Gesundheit, viel Freud und Erfolg im Neuen Jahr und immer wünscht Ihnen, lieber Herr Exner, Br. Berchmans Franz Brückner

Das beiliegende Bildchen „Madonna in Blauen" ist sehr beliebt und in einigen Formaten, besonders in Amerika, stark verbreitet; es ist von Joh. Lu Hung-nien. Leider fehlt von all meinen Pekinger Malern jede Nachricht. Mit der Neuauflage von Ars Sacra Pekinensis gibt's Schwierigkeiten – sind dazu da, überwunden zu werden!

Wenn es Erfreuliches gibt, schreibe ich wieder.

der

Br. Berchmans Handschrift (Brief Nr. 13)

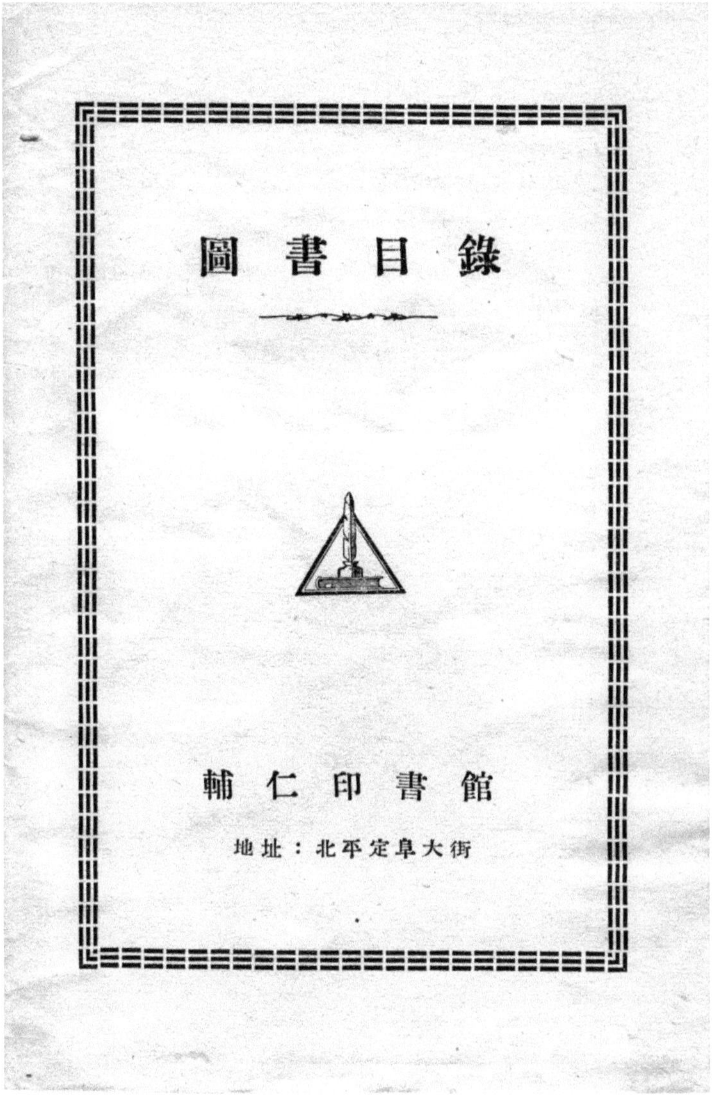

圖書目錄

輔仁印書館

地址：北平定阜大街

Bücherkatalog der Furen-Universität, etwa 1948

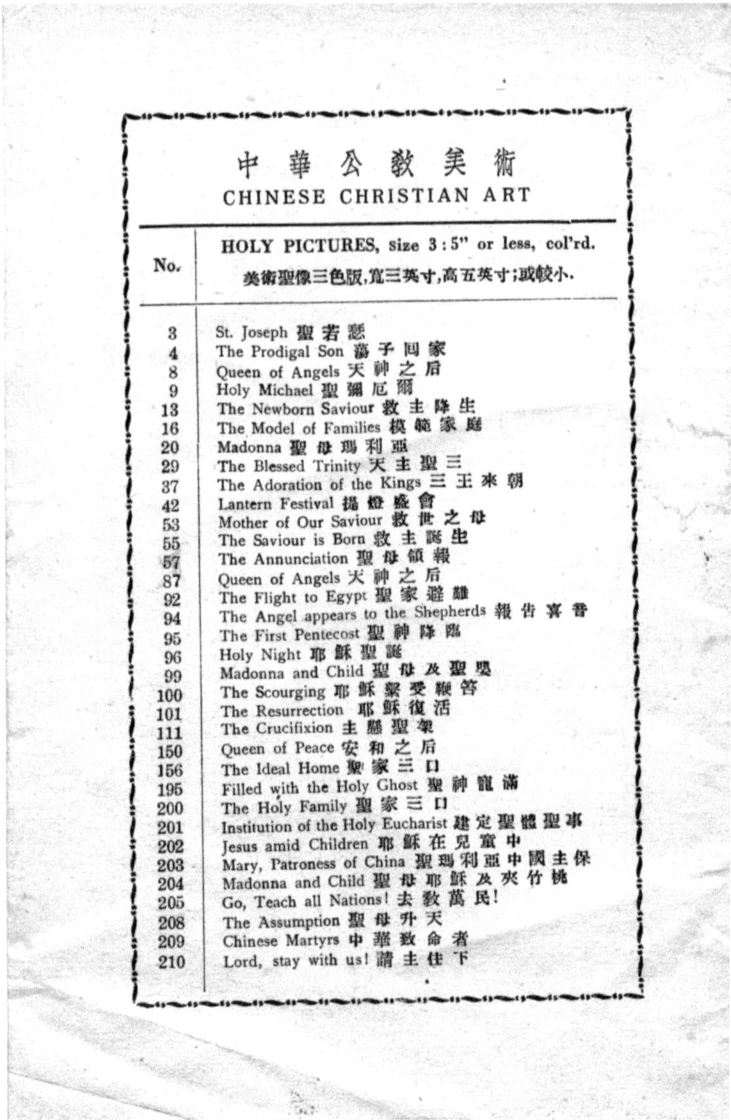

中華公教美術

CHINESE CHRISTIAN ART

No.	HOLY PICTURES, size 3 : 5" or less, col'rd. 美術聖像三色版,寬三英寸,高五英寸;或較小.
3	St. Joseph 聖若瑟
4	The Prodigal Son 蕩子回家
8	Queen of Angels 天神之后
9	Holy Michael 聖彌厄爾
13	The Newborn Saviour 救主降生
16	The Model of Families 模範家庭
20	Madonna 聖母瑪利亞
29	The Blessed Trinity 天主聖三
37	The Adoration of the Kings 三王來朝
42	Lantern Festival 提燈盛會
53	Mother of Our Saviour 救世之母
55	The Saviour is Born 救主誕生
57	The Annunciation 聖母領報
87	Queen of Angels 天神之后
92	The Flight to Egypt 聖家避難
94	The Angel appears to the Shepherds 報告喜音
95	The First Pentecost 聖神降臨
96	Holy Night 耶穌聖誕
99	Madonna and Child 聖母及聖嬰
100	The Scourging 耶穌繫受鞭笞
101	The Resurrection 耶穌復活
111	The Crucifixion 主懸聖架
150	Queen of Peace 安和之后
156	The Ideal Home 聖家三口
195	Filled with the Holy Ghost 聖神寵滿
200	The Holy Family 聖家三口
201	Institution of the Holy Eucharist 建定聖體聖事
202	Jesus amid Children 耶穌在兒童中
203	Mary, Patroness of China 聖瑪利亞中國主保
204	Madonna and Child 聖母耶穌及夾竹桃
205	Go, Teach all Nations! 去教萬民!
208	The Assumption 聖母升天
209	Chinese Martyrs 中華致命者
210	Lord, stay with us! 請主住下

Chinese Christian Art, Rückseite des Bücherkatalogs der Furen-Universität

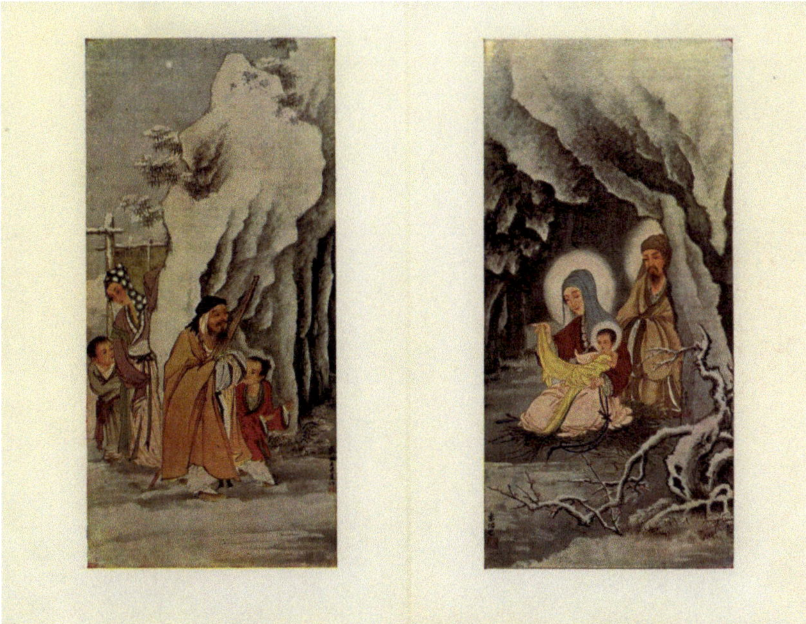

Wang Su Da 王肅達: Weihnacht (1945)

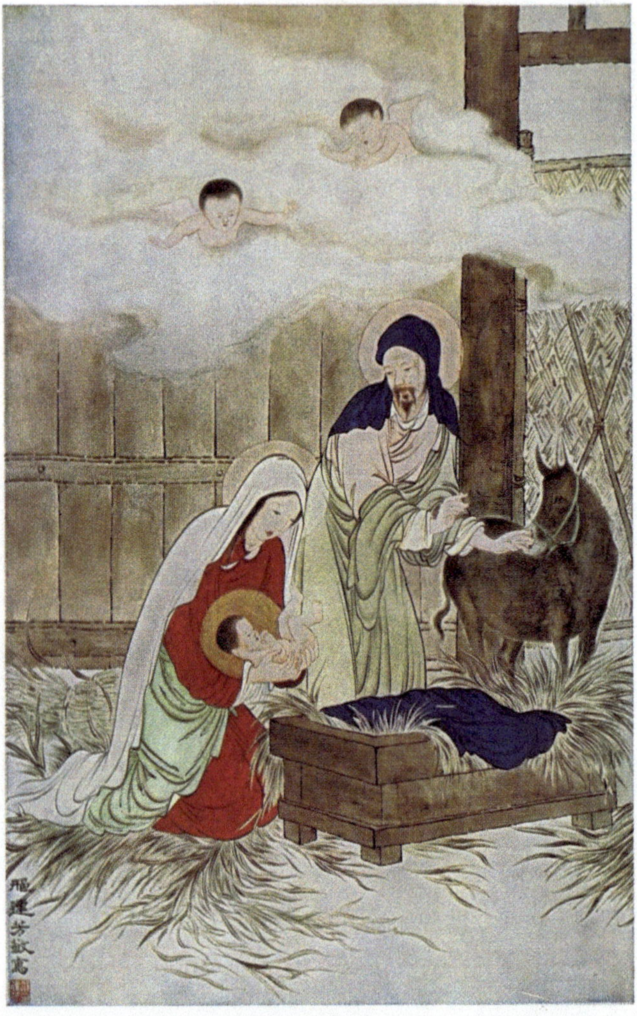

Shing Lien-fang [Xing Lianfang] 邢蓮芳: Die heilige Familie im Stall

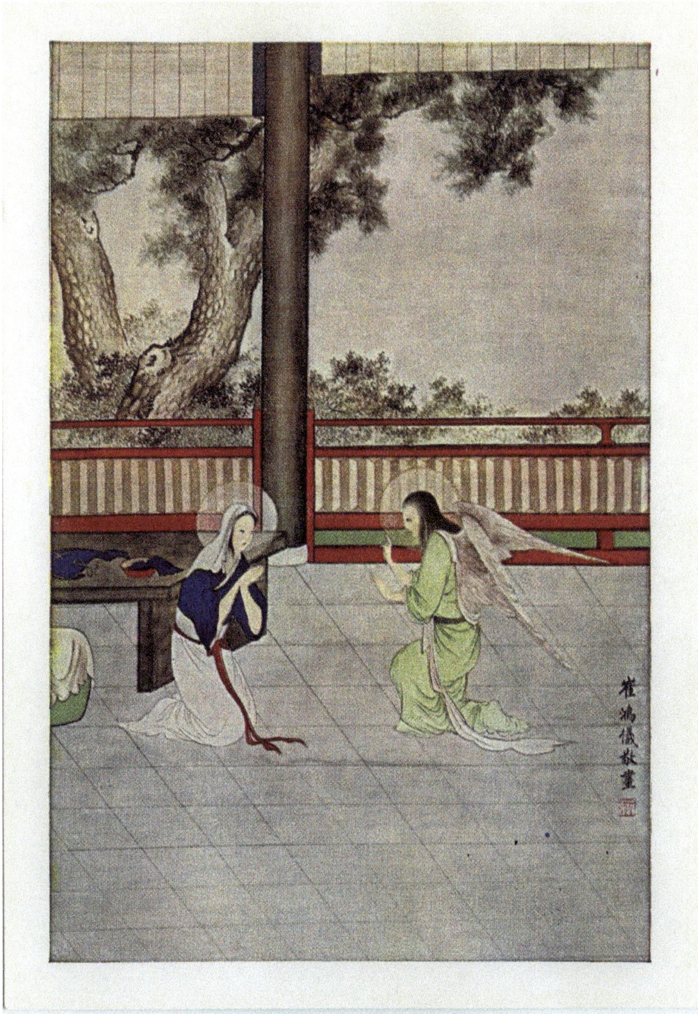

Tsu[i] Hun Yi [Cui Hongyi] 崔鴻儀: Die Verkündigung

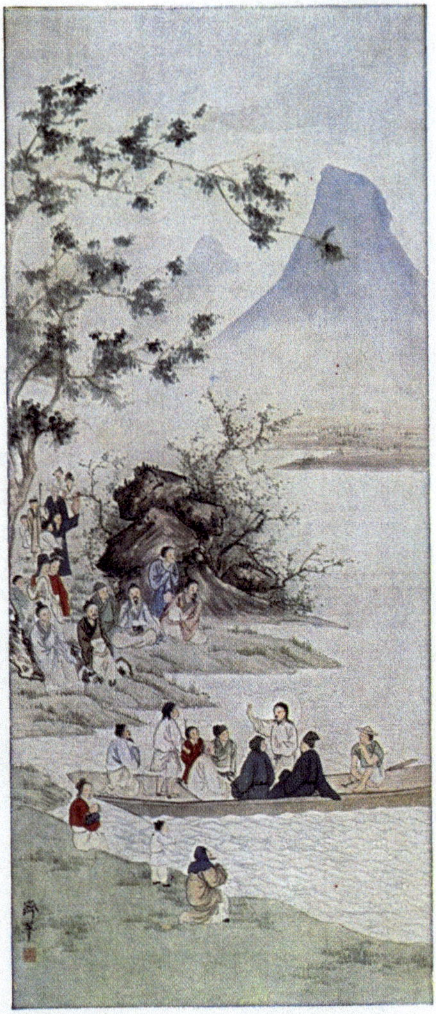

Hsü Chi Hua [Xu Jihua] 徐濟華: Seepredigt

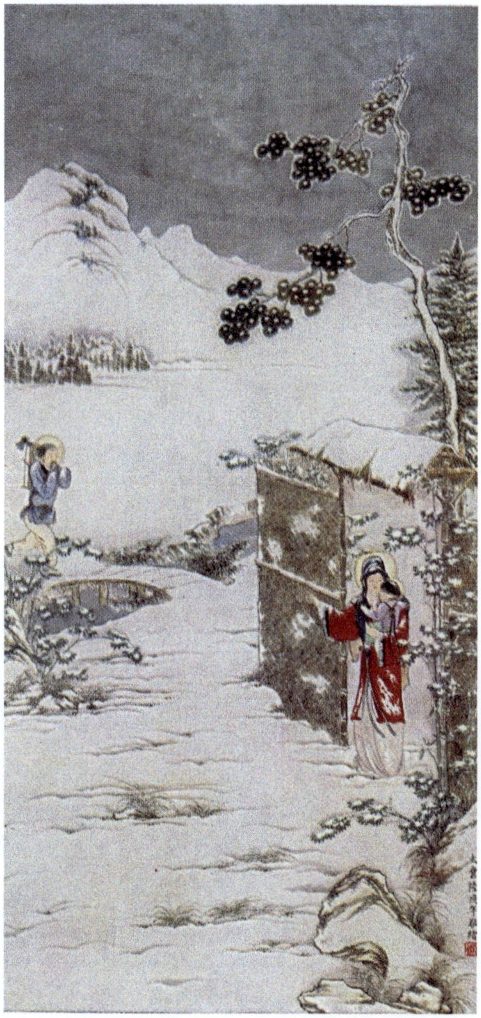

Lu Hung-nien 陸鴻年: Die heilige Familie im Winter

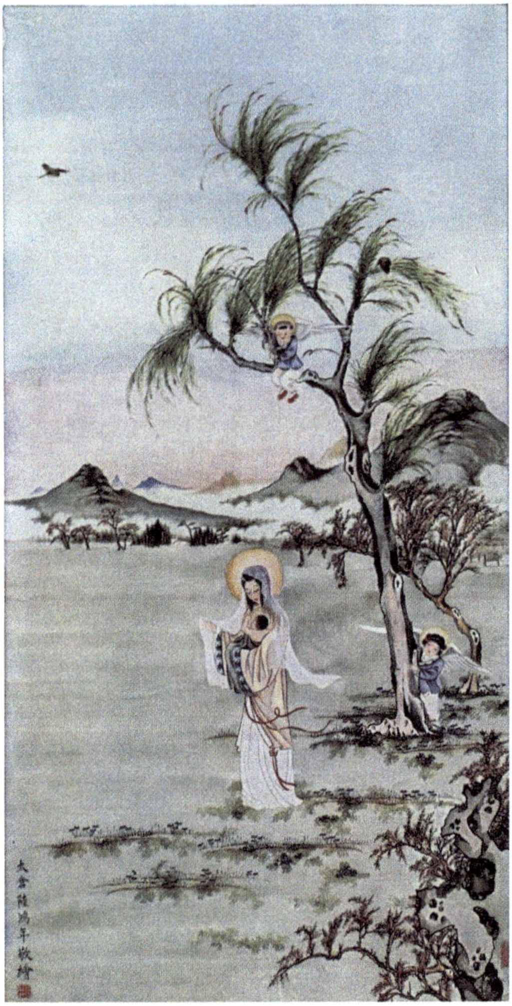

Lu Hung-nien 陸鴻年: Maria im Vorfrühling

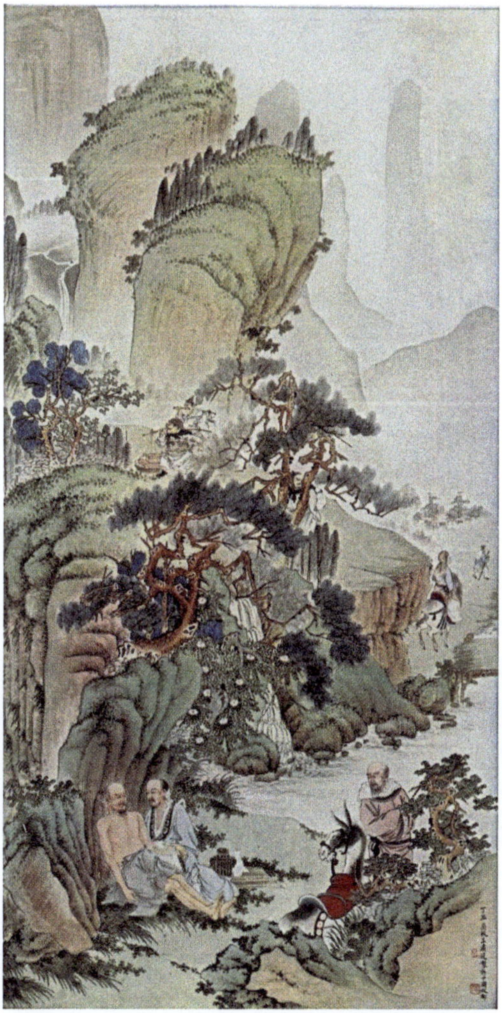

Wang Su Da 王肅達: Der barmherzige Samariter

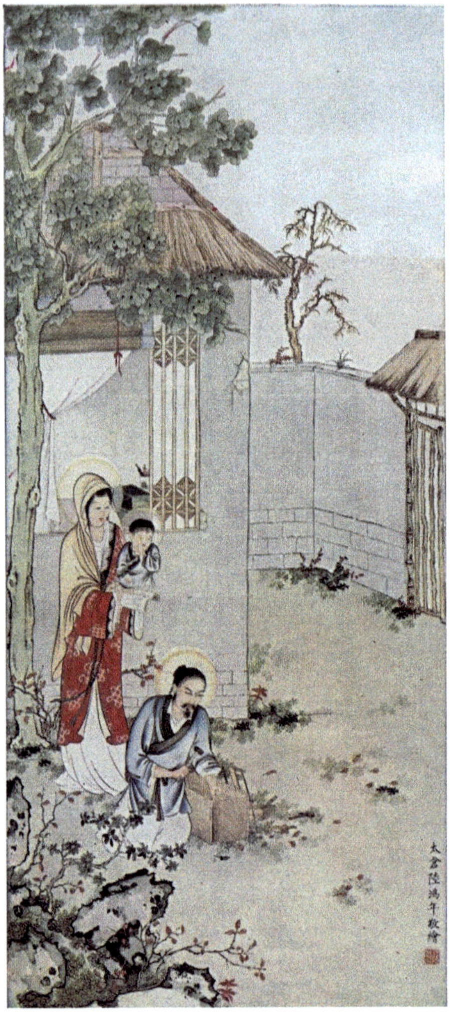

Wang Su Da 王肅達: Die heilige Familie im Hofe

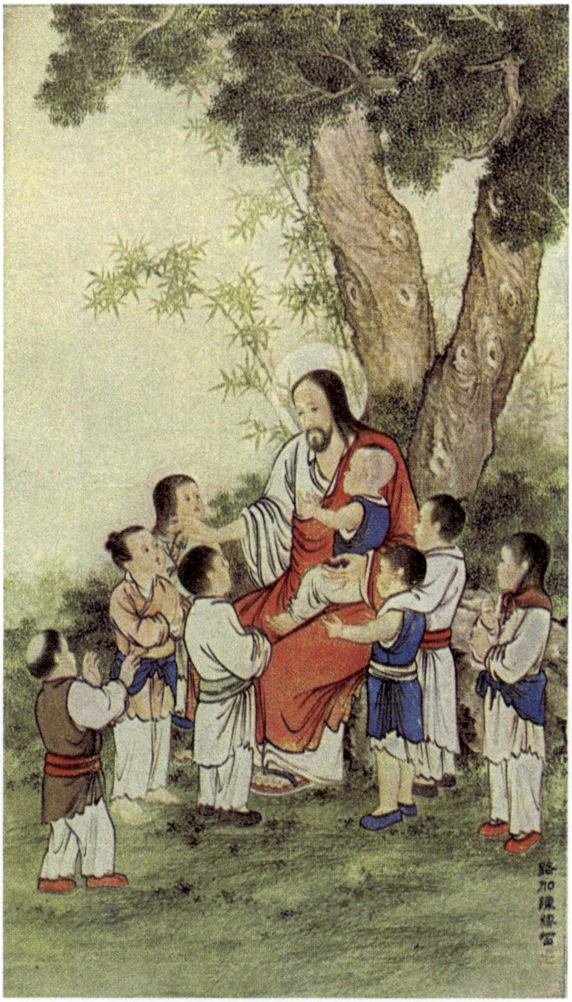

Chen Yüan Du 陳緣督: Jesus der Kinderfreund

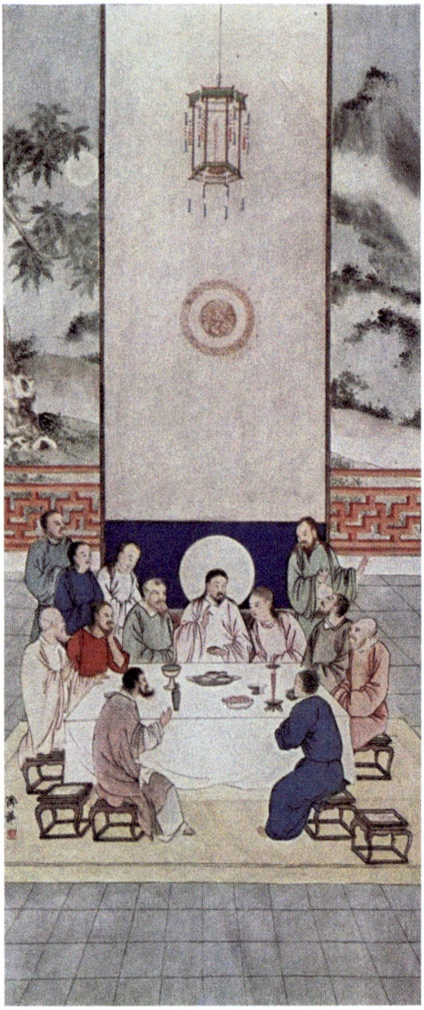

Hsü Chi Hua 徐濟華: Das letzte Abendmahl

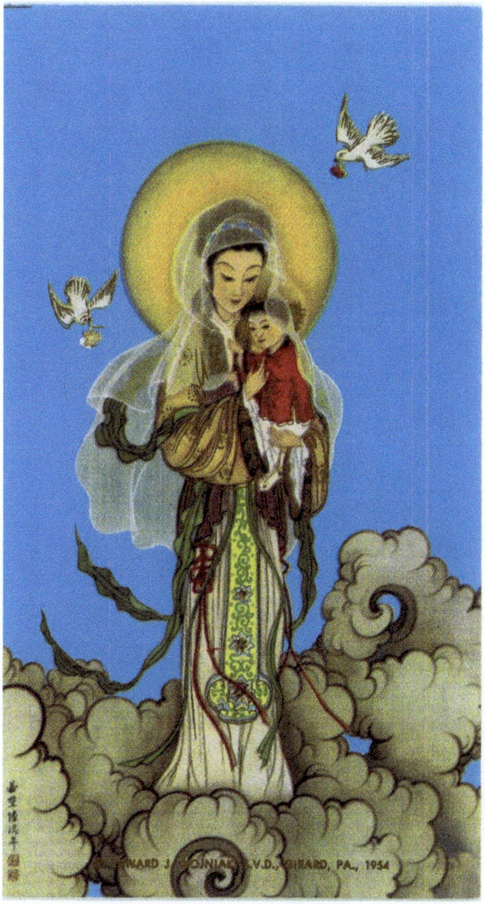

Lu Hung-nien 陸鴻年: Madonna im Blauen

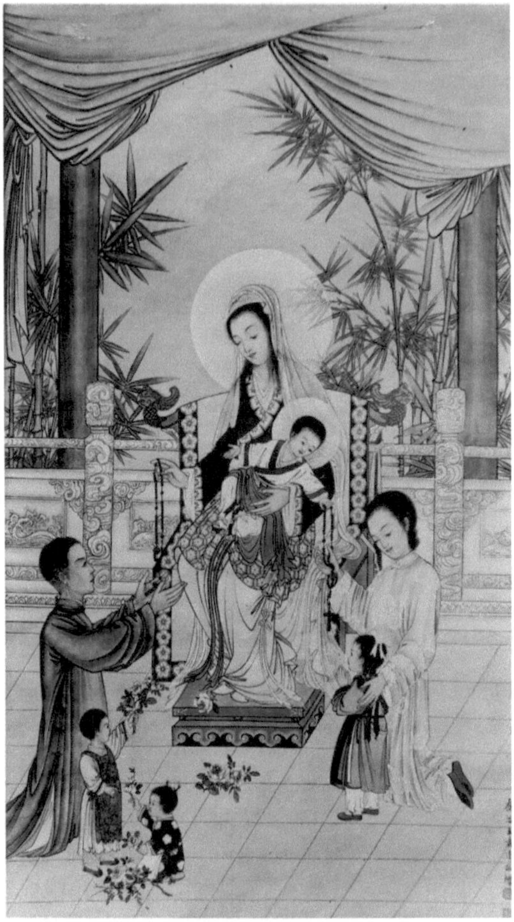

1A. Der Maler Wang Su-da 王肅達 und seine Familie knien vor der Rosenkranzkönigin

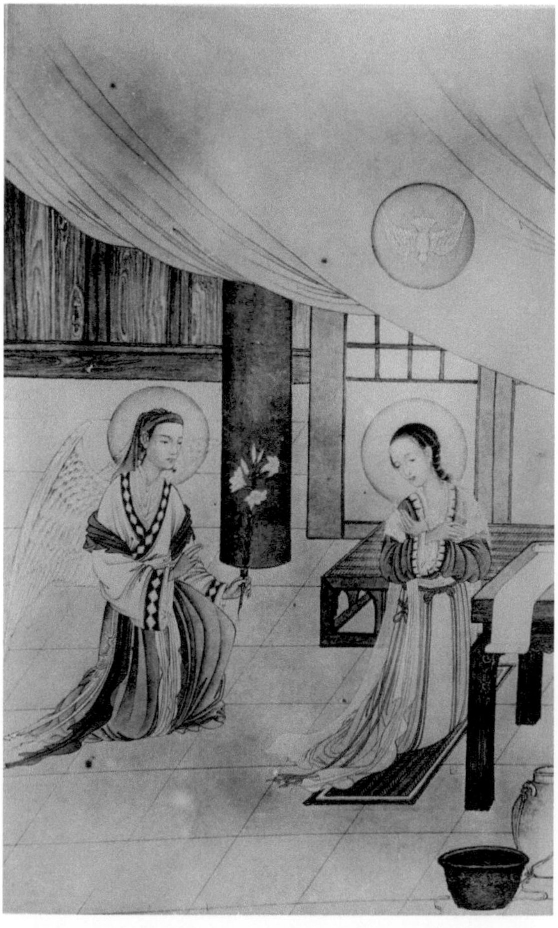

1. Wang Suda: Mariae Verkündigung

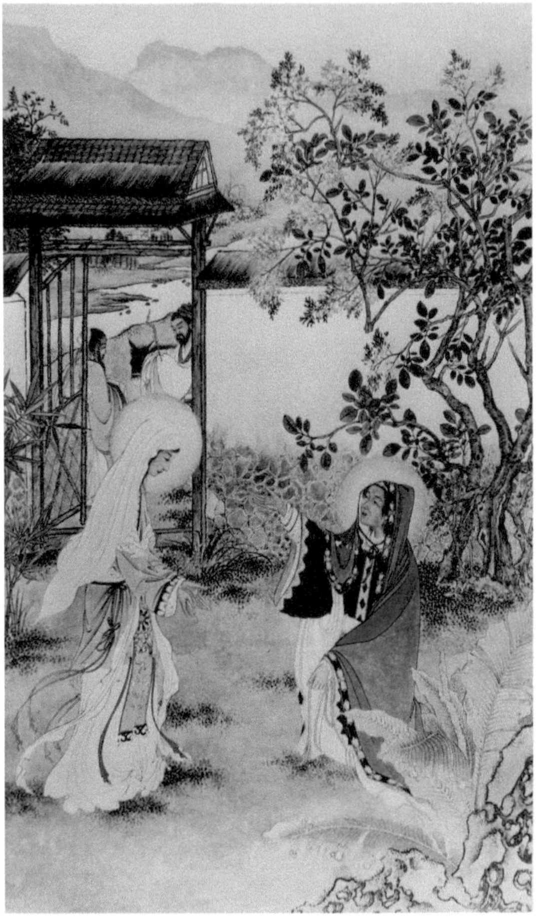

2. Wang Suda: Mariae Heimsuchung

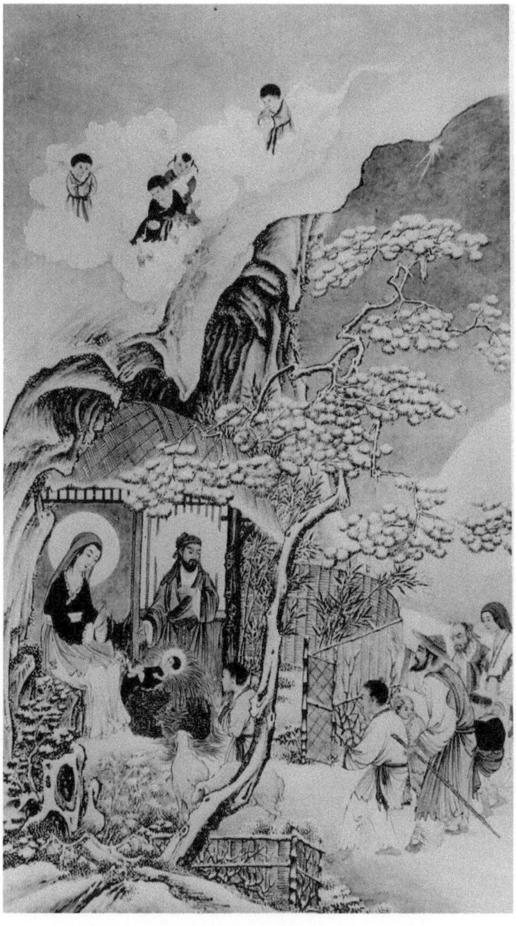

3. Wang Suda: Christi Geburt

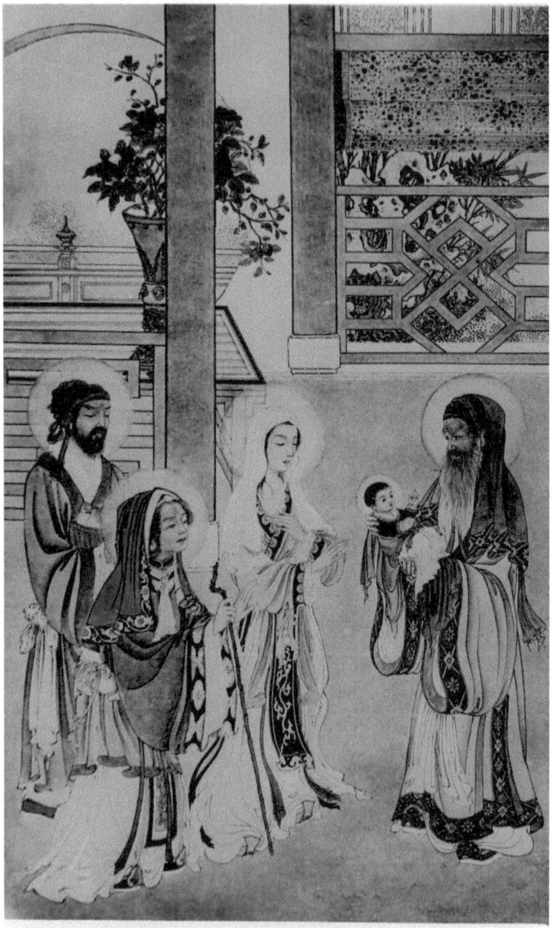

4. Wang Suda: Christi Opferung

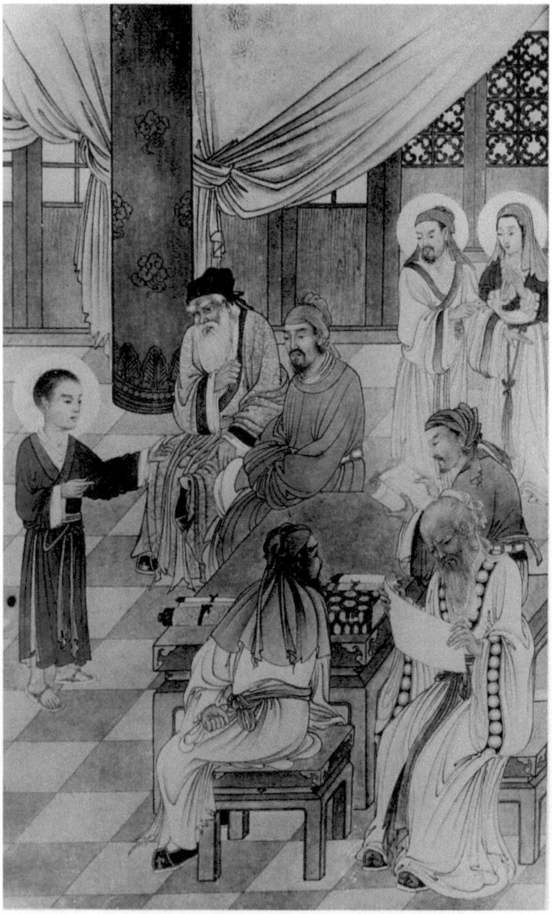

5. Wang Suda: Jesusknabe im Tempel

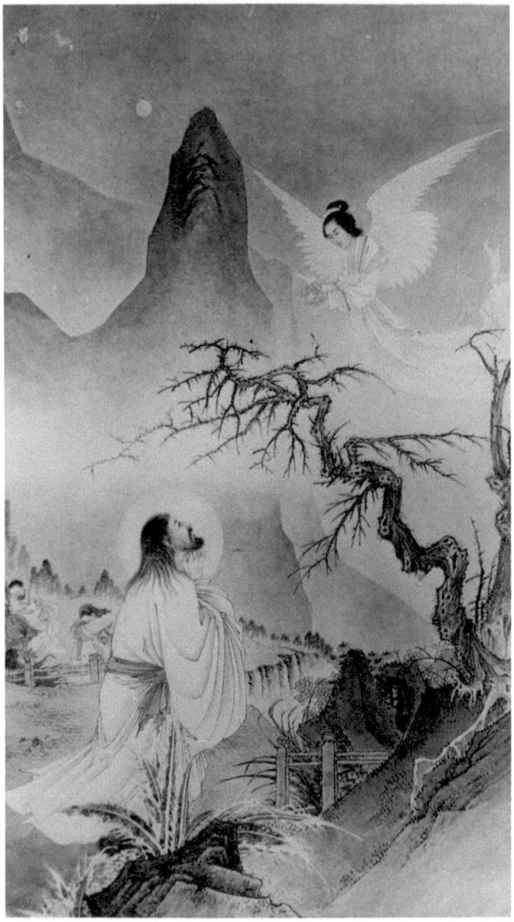

6. Wang Suda: Jesu Todesangst

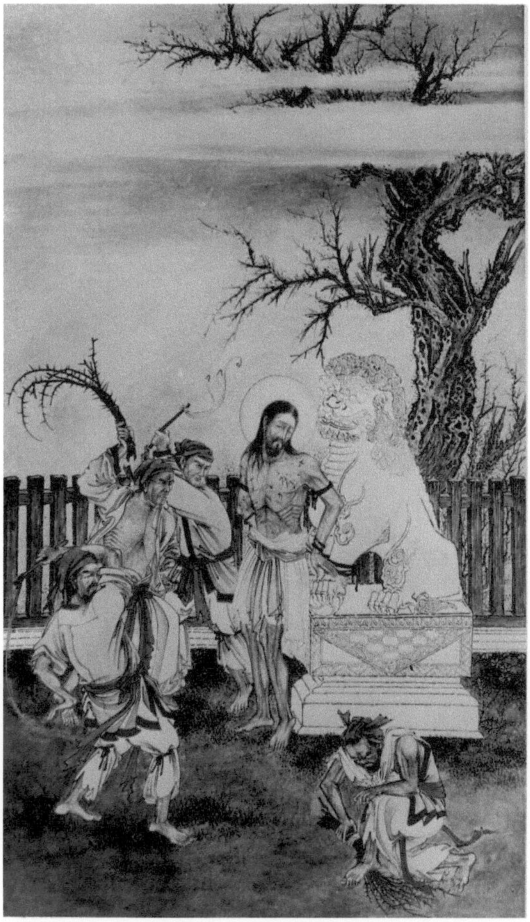

7. Wang Suda: Geißelung Christi

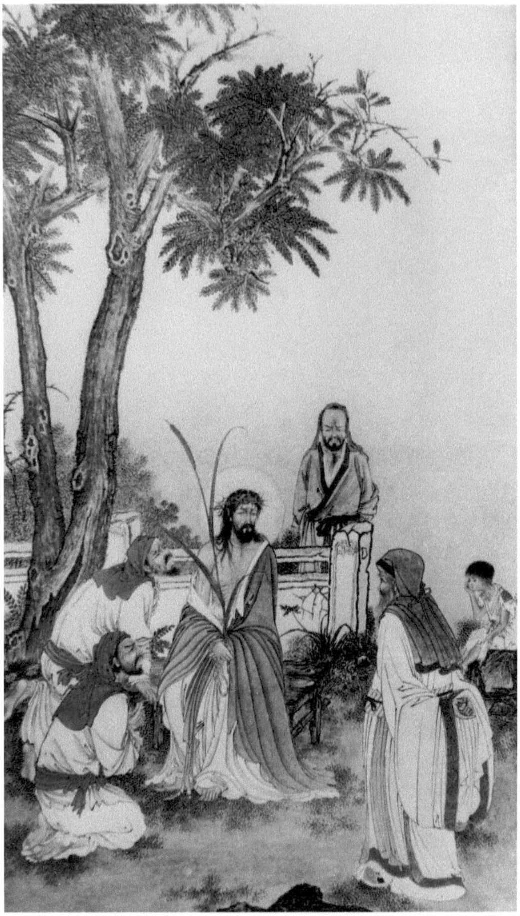

8. Wang Suda: Christi Verspottung

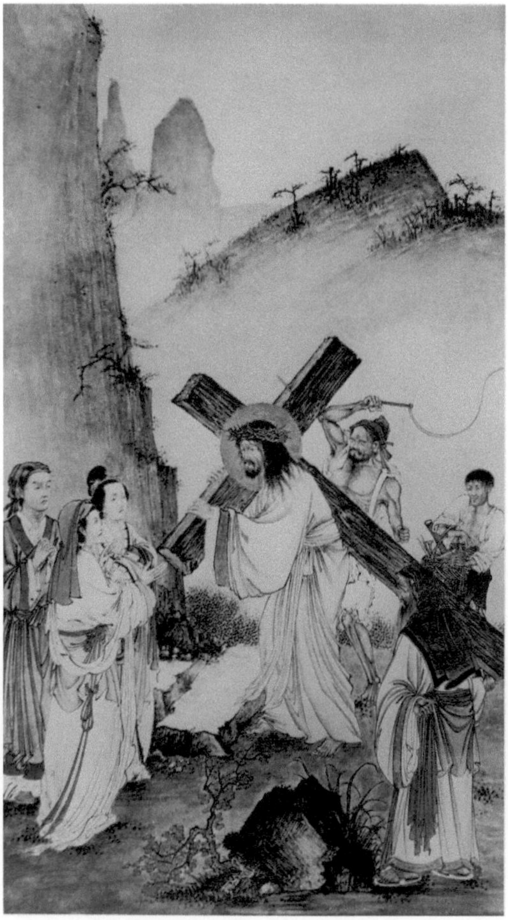

9. Wang Suda: Kreuztragung

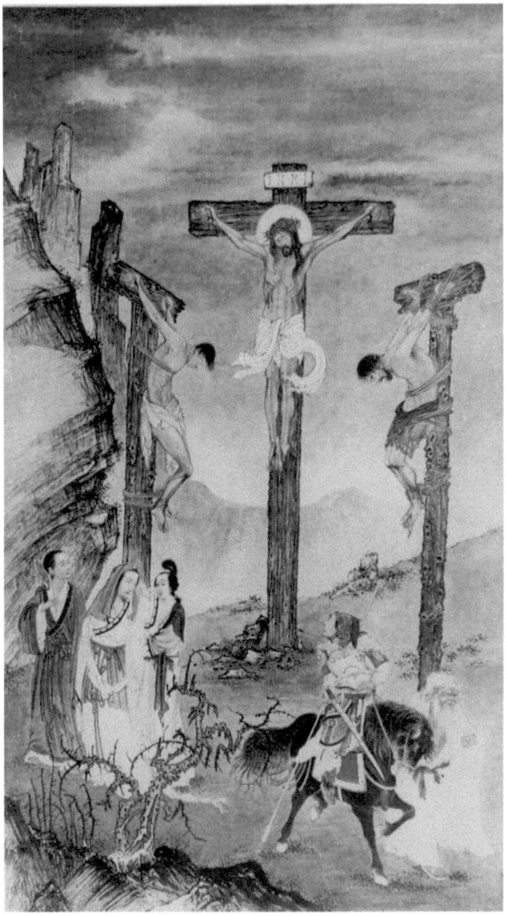

10. Wang Suda: Kreuzigung

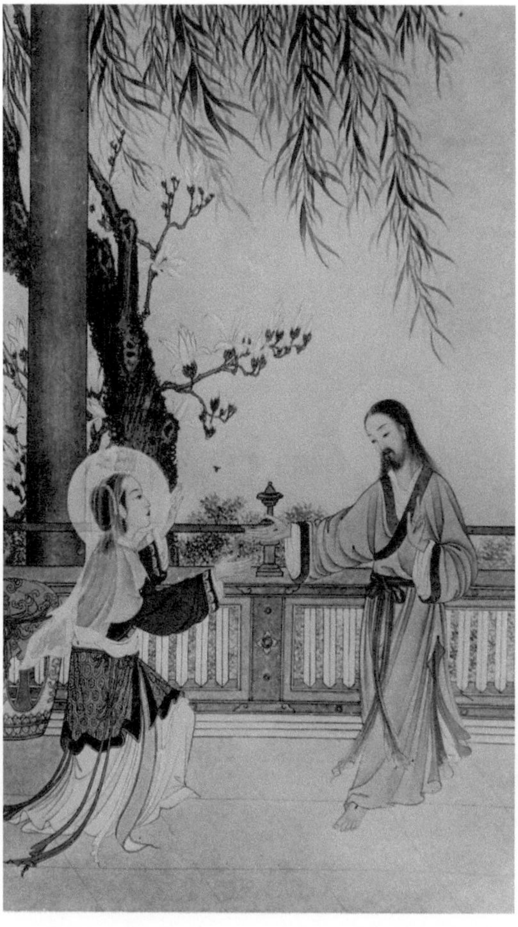

11. Wang Suda: Christi Auferstehung

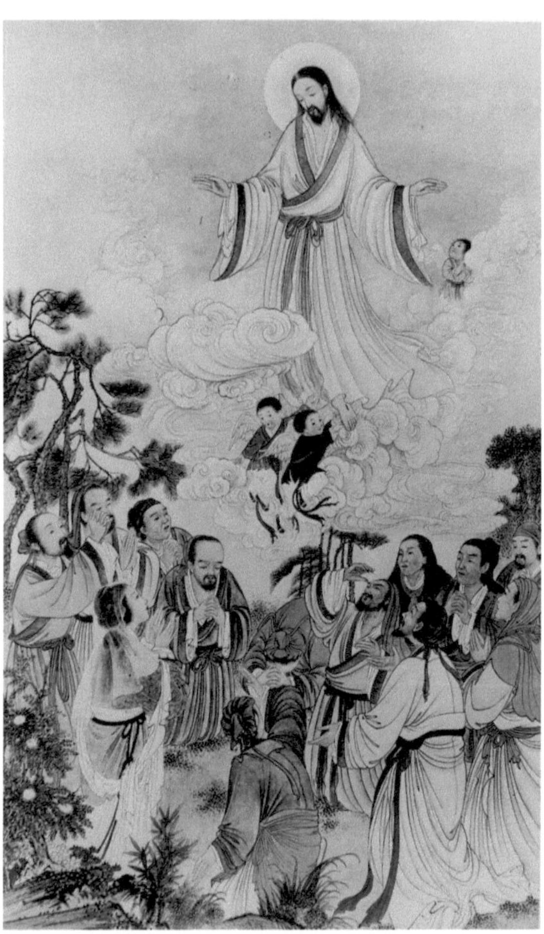

12. Wang Suda: Christi Himmelfahrt

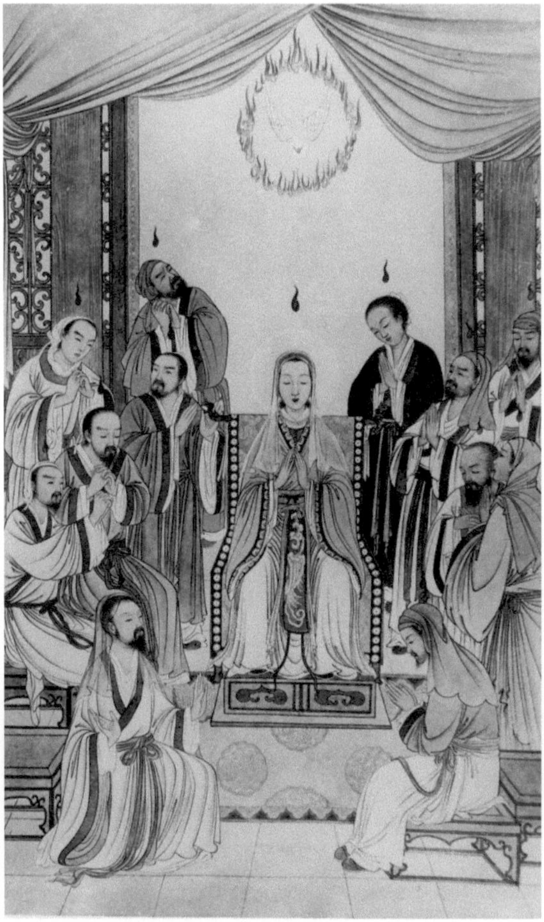

13. Wang Suda: Geistessendung

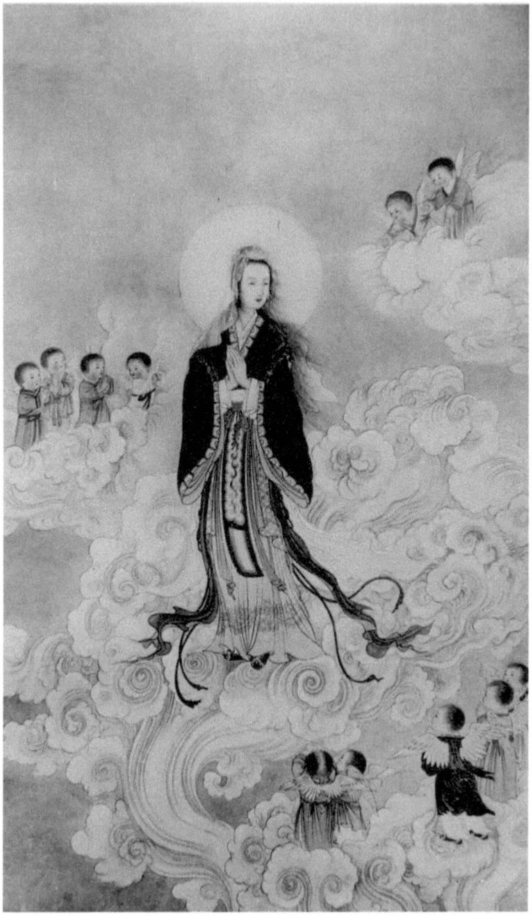

14. Wang Suda: Mariae Himmelfahrt

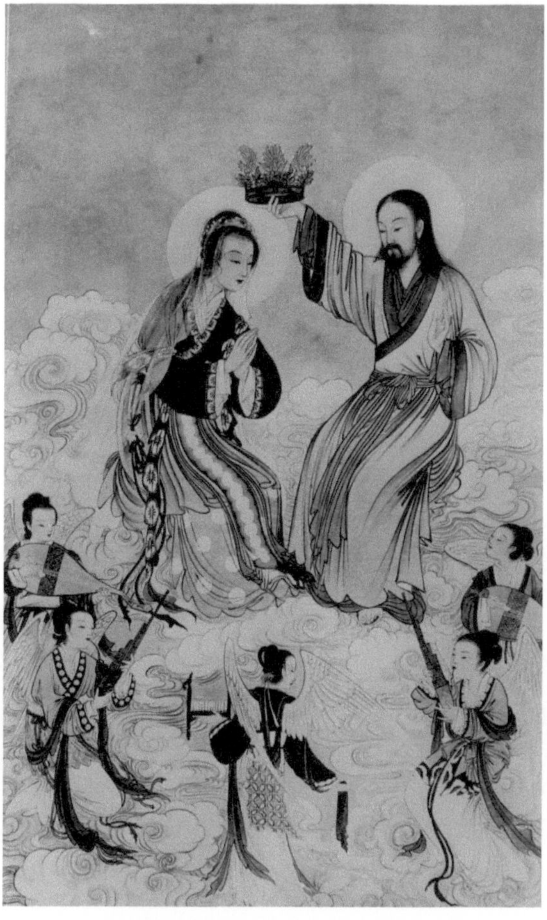

15. Wang Suda: Krönung Mariae

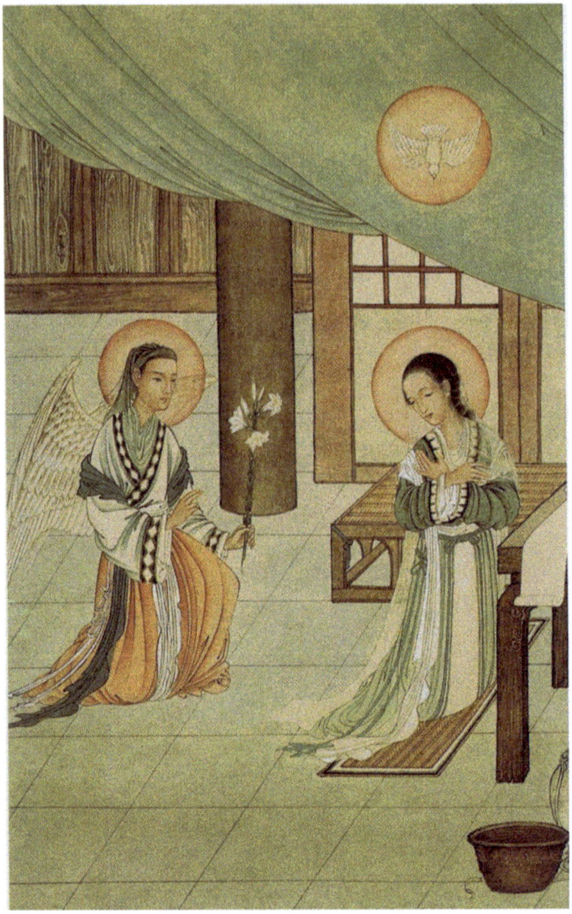

1. Wang Suda: Mariae Verkündigung

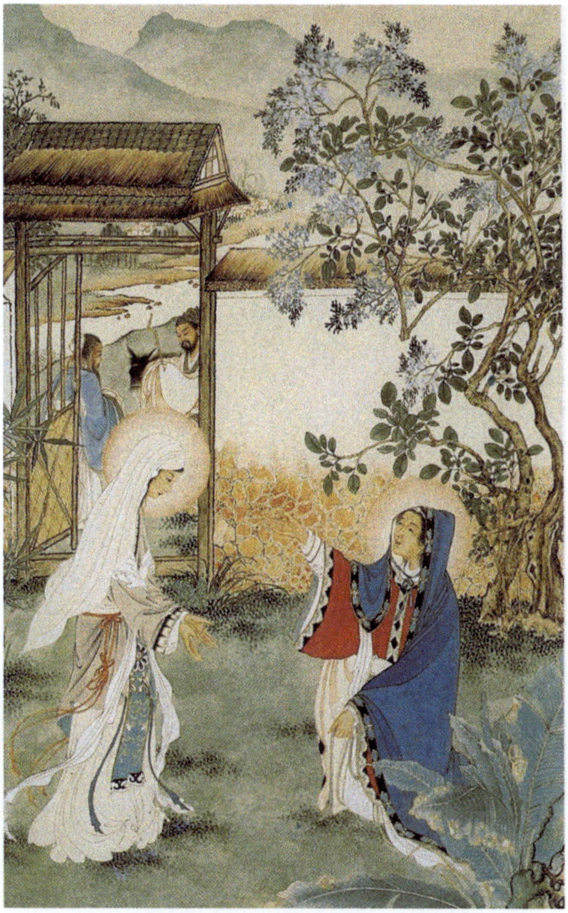

2. Wang Suda: Mariae Heimsuchung

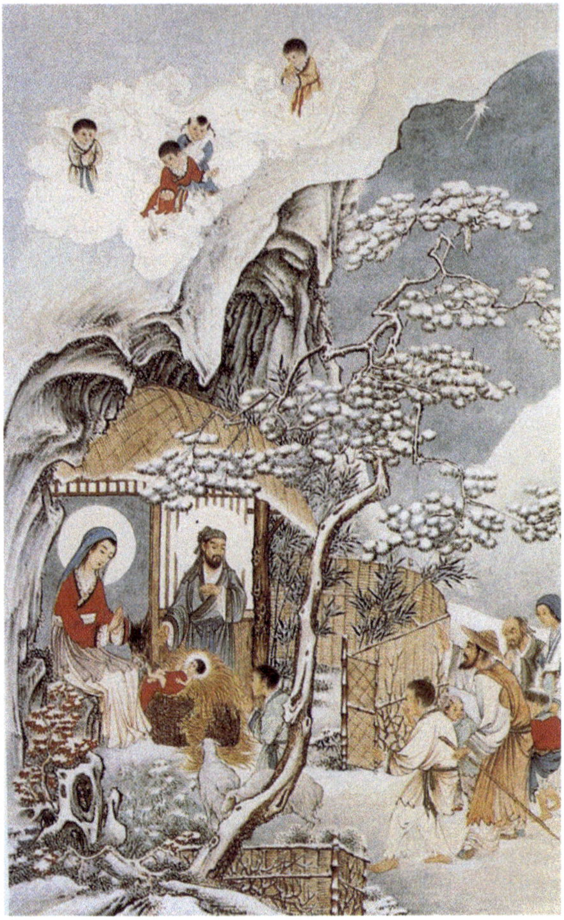

3. Wang Suda: Christi Geburt

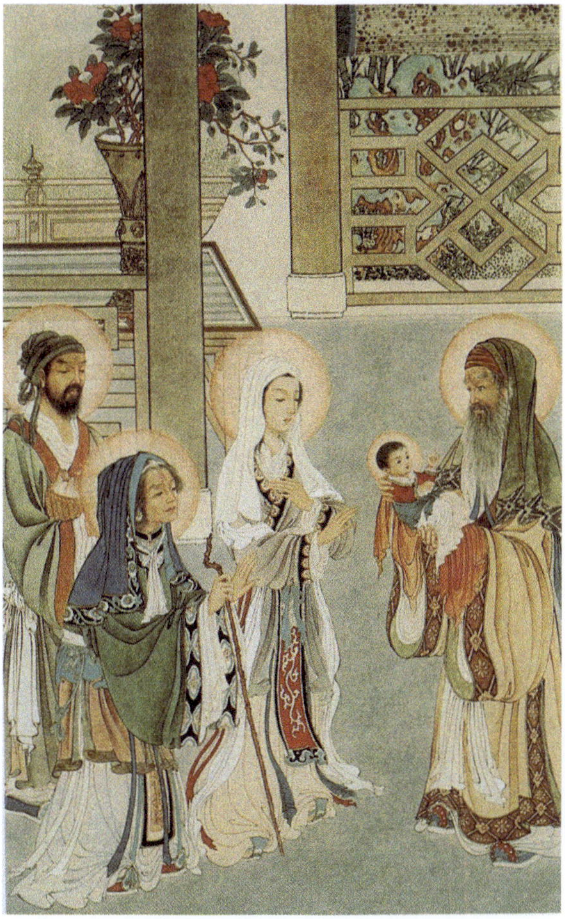

4. Wang Suda: Christi Opferung

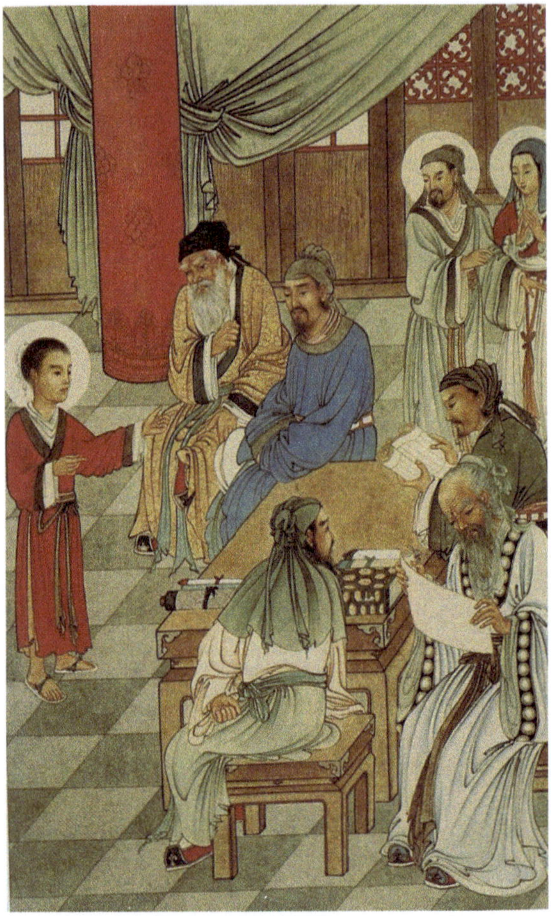

5. Wang Suda: Jesusknabe im Tempel

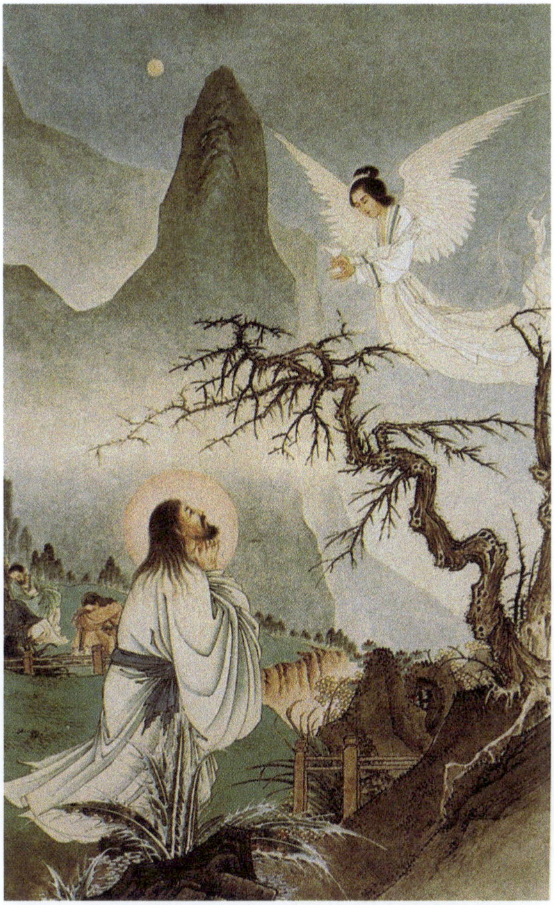

6. Wang Suda: Jesu Todesangst

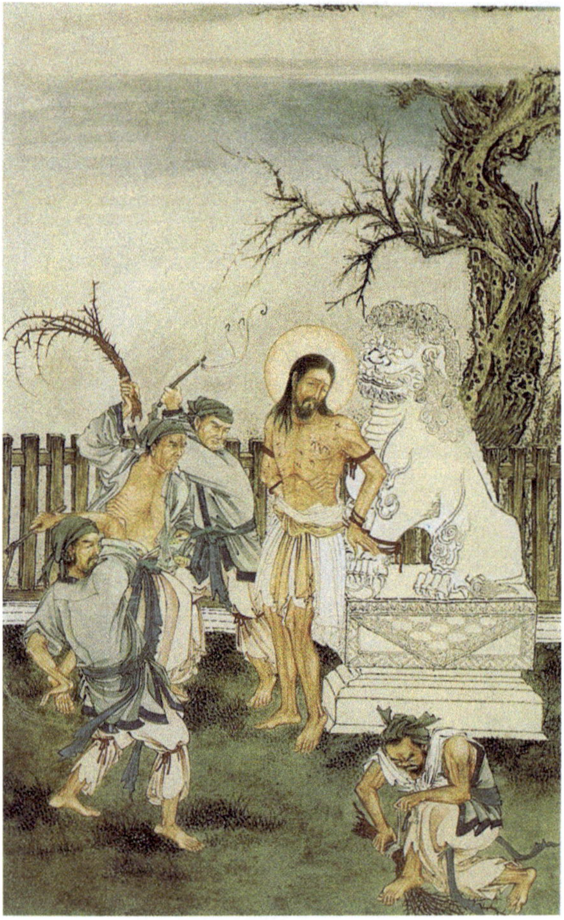

7. Wang Suda: Geißelung Christi

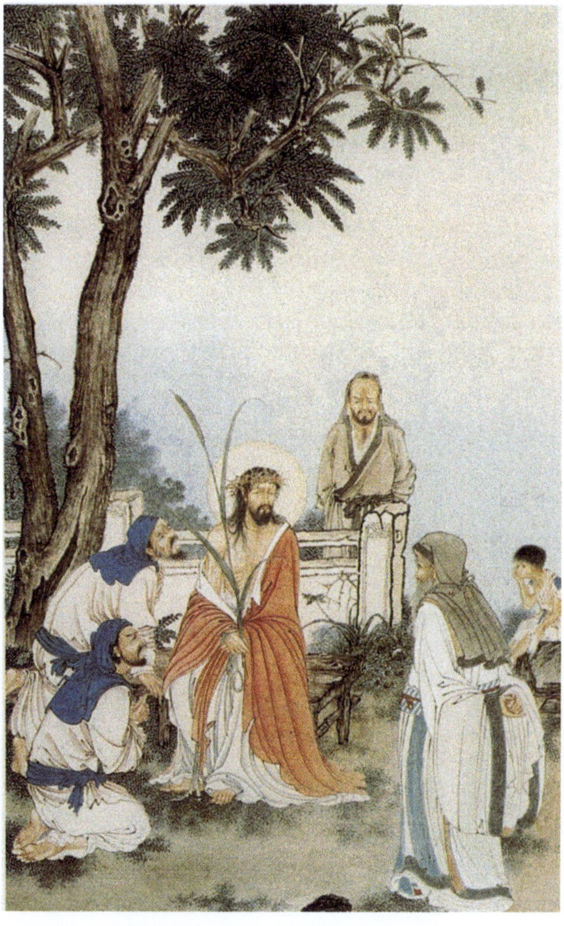

8. Wang Suda: Verspottung Christi

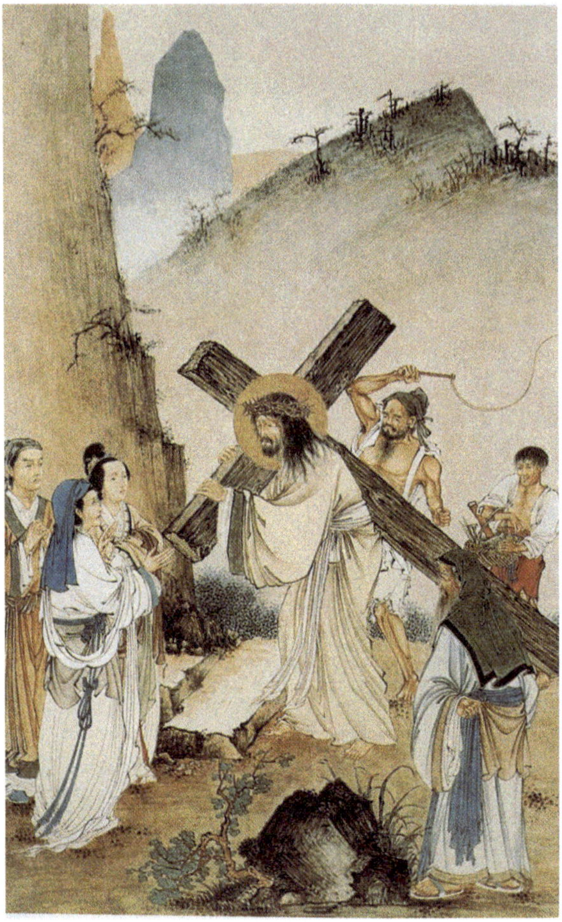

9. Wang Suda: Kreuztragung

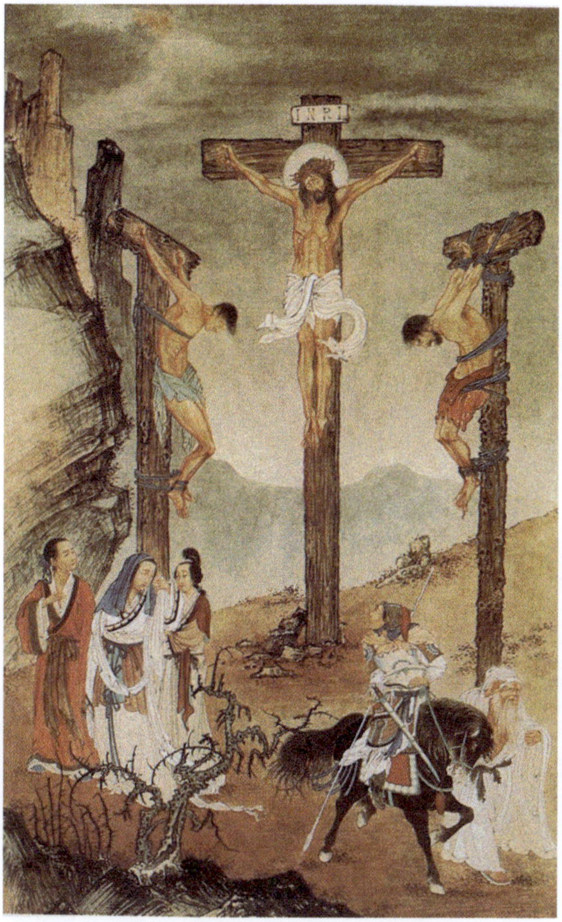

10. Wang Suda: Kreuzigung

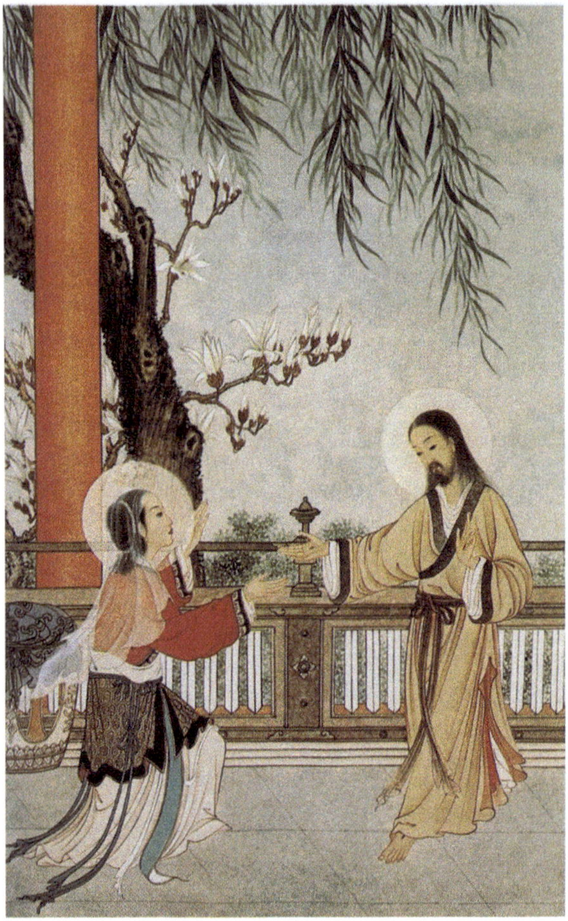

11. Wang Suda: Christi Auferstehung

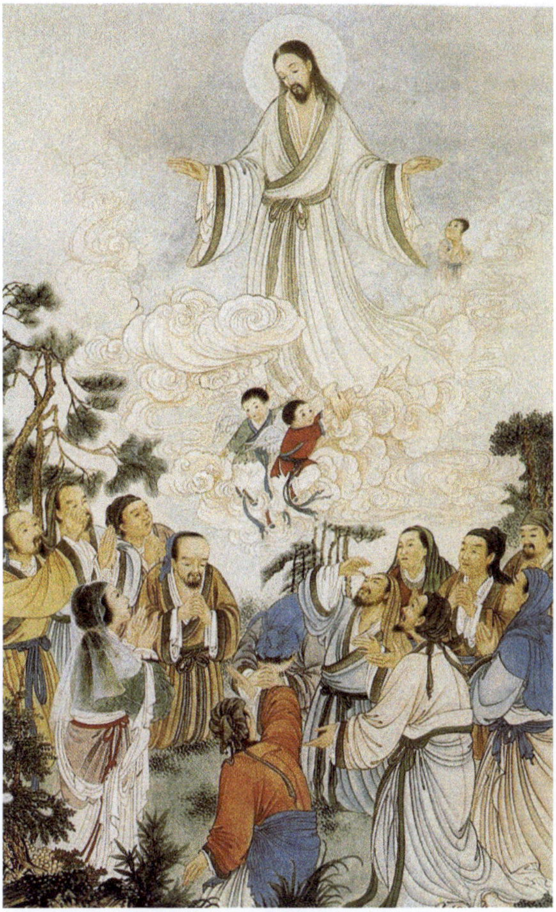

12.Wang Suda: Christi Himmelfahrt

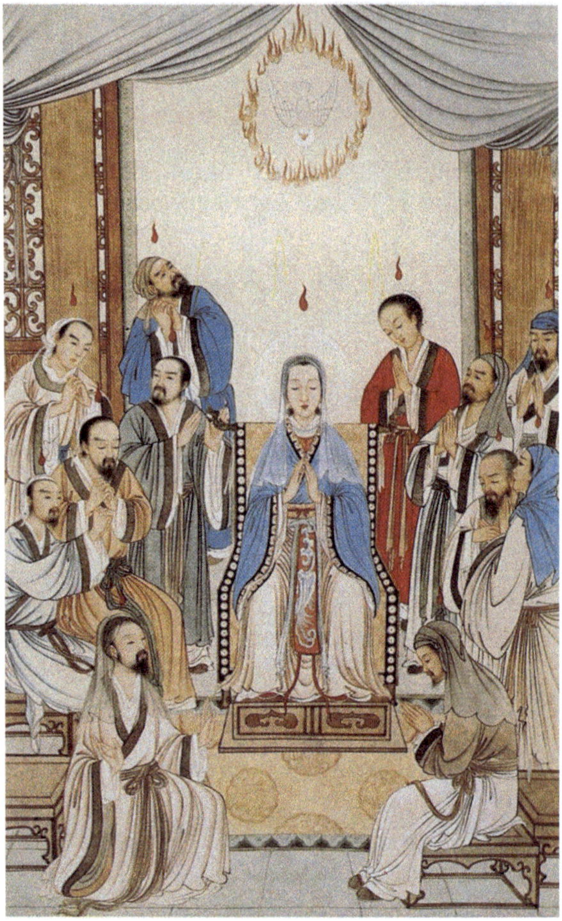

13. Wang Suda: Geistessendung

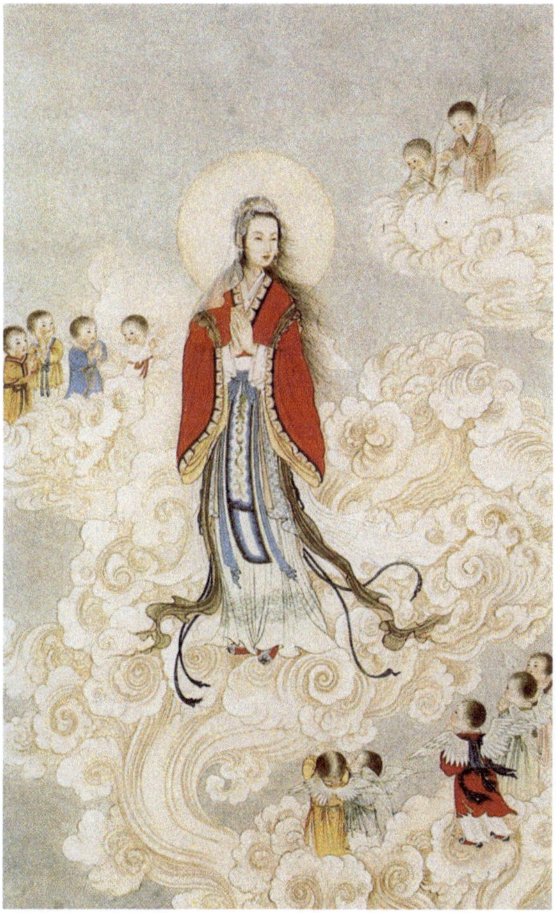

14. Wang Suda: Mariae Himmelfahrt

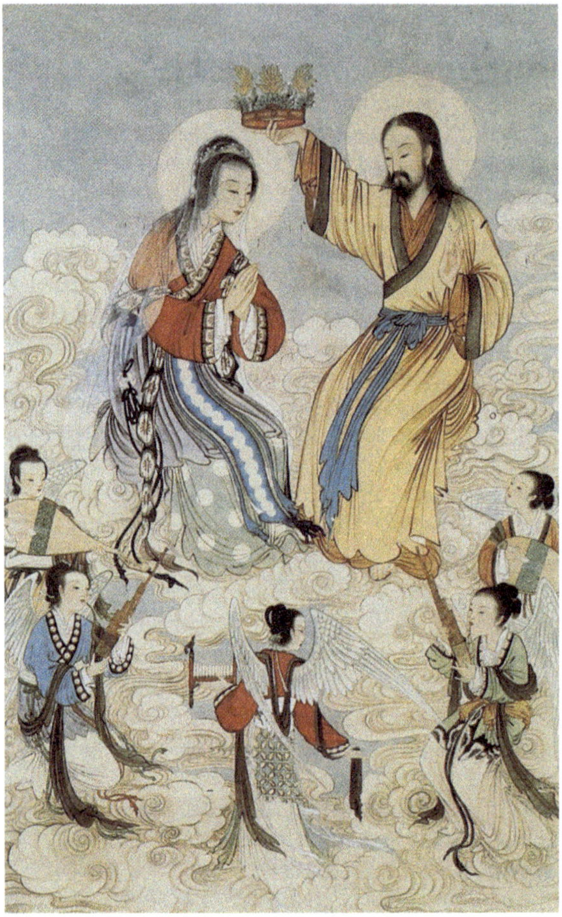

15. Wang Suda: Krönung Mariae

Berchmans Franz Brückner

DIE SAMMLUNG CHINESISCH-CHRISTLICHER BILDER IN 12 HOLZMAPPEN

1950 erschien die ARS SACRA PEKINENSIS im Verlag der Missionsdruckerei St. Gabriel in einer deutschen und in einer italienischen Ausgabe. In dieser Veröffentlichung wird die Zahl der Bilder, die von den Künstlern der FUJEN gezeichnet und signiert wurden, auf 2.000 geschätzt. Dabei sind aber auch die Kopien mitgezählt. Wenngleich es nun schwer ist, zu bestimmen, was Kopie ist und was Orginal, wurde ebendort die Anzahl der eigentlichen Originalbilder mit 500 angegeben. Unter den 99 Bildern, die für die ARS SACRA PEKINENSIS ausgewählt wurden, sind auch eine Reihe Kopien und Close-Ups.

Die Grundlage der ARS SACRA PEKINENSIS war meine Sammlung von Fotografien und Drucken chinesisch-christlicher Bilder in 12 Holzmappen (Format 19×31 cm). Die Sammlung umfaßt mehr als 400 Nummern; zumeist sind es schwarz-weiß Fotos; aber es sind auch eine Reihe Drucke darunter. Unter den Drucken sind auch farbige Bilder, kleine Andachtsbilder und größere. Die Mappe enthält zwölf Bilder von Künstlern, die in Verbindung mit der protestantischen Mission standen. Alle andern sind von *Fujen*-Künstlern.

Die Sammlung ist nicht geordnet, da sie langsam gewachsen ist. Sie erhebt auch keinen Anspruch auf Vollständigkeit. Schließlich enthält sie Dubletten: Dasselbe Bild kann als Foto vorliegen und als Druck, eventuell auch als Farbdruck. Aber auch unter den schwarz-weiß Fotos sind vielleicht Dubletten, Wiedergaben verschiedener Kopien desselben Bildes.

Die Nummern 440–474 bilden eine Serie von katechetischen Hilfsmitteln. Sie wurde unter Leitung von Msgr. Megan hergestellt und in Tokyo gedruckt (Format 54×78 cm). Ein Exemplar dieser Serie ist im Archiv des Generalates.

Die Sammlung in den zwölf chinesischen Holzmappen ist, mit all ihren Fehlern, wertvoll, weil sie die umfangreichste dieser unserer Arbeit in Peking ist. Die Bilder haben die Universität weit über den Kreis der Wissenschaft und ihrer Schüler hinaus bekanntgemacht: in Ostasien, in Amerika und in Europa. Darum wurde die gesamte Kollektion durch Br. Romanus Zimmet für die Fotozentrale in Rom sorgfältig aufgenommen. Schwarz-weiß-Abzüge sind unter den üblichen Bedingungen dort zu haben. Von den farbigen Vorlagen wurden Farbaufnahmen gemacht.

Hier folgt nun die Liste der Bilder, wie sie sich in den zwölf Mappen finden. Zuerst die fortlaufende Nummer, dann der Name des Malers – wenn er unleserlich oder unbekannt war, wurde ein Fragezeichen eingeführt – dann der Titel des Bildes mit Hinzufügung des Jahres, wann (ungefähr) es gemalt wurde, und schließlich ein Hinweis, wenn sich in der Sammlung noch ein Duplikat findet (z. B. "cf. 144"). Das große A. mit der Ziffer dahinter verweist auf die Seitenzahl, wo sich das Bild in der ARS SACRA PEKINENSIS findet.

Holzmappe I

1. Ch'en Yuan-tu: Stern der Meere, 1932, A. 27
2. Ch'en Yuan-tu: Madonna auf der Steinbank, 1933
3. Ch'en Yuan-tu: P Freinademetz, 1936
4. Ch'en Yuan-tu: Der verlorne Sohn, 1936, A. 37, cf. 144
5. Ch'en Yuan-tu: Jesus segnet die Kinder, 1936
6. Ch'en Yuan-tu: Fußwaschung, 1937, A. 47
7. Ch'en Yuan-tu: Hirten beten an, 1933
8. Ch'en Yuan-tu: Engel beten an, 1933
9. Ch'en Yuan-tu: Johannes von Monte Corvino (1247–1328) überreicht dem Mongolenkaiser ein Kruzifix, 1933
10. Ch'en Yuan-tu: Die heiligen drei Könige, 1933
11. Ch'en Yuan-tu: Die Emmausjünger, 1933
12. Lu Hung-nien: Madonna mit blumenstreuenden Engeln, 1937
13. Ch'en Yuan-tu: Der hl. Odorich von Pordenone (1286–1331), 1930
14. Ch'en Yuan-tu: Das letzte Abendmahl, 1933
15. Wang Su-ta: Magnificat, 1938
16. Ch'en Yuan-tu: Madonna unter Bambus stehend, 1930
17. Ch'en Yuan-tu: Maria Verkündigung, 1932
18. Ch'en Yuan-tu: Gethsemani mit Trostengel, 1932
19. Ch'en Yuan-tu: Maria betet an, 1930
20. Wang Su-ta: Der barmherzige Samariter, 1939
21. Ch'en Yuan-tu: Anbetung der 3 Könige im Zimmer, 1929
22. Ch'en Yuan-tu: Einzug Jesu in Jerusalem, 1930
23. Ch'en Yuan-tu: 3 Könige beten an, 1930
24. Wang Su-ta: Sturm auf dem See, 1936, A. 105.
25. Ch'en Yuan-tu: Kreuzweg, 4. und 7. Station, 1930
26. Ch'en Yuan-tu: Kreuzweg, 10., 11. u. 12. Station, 1930
27. Ch'en Yuan-tu: Maria über den Wellen, 1932
28. Wang Su-ta- Anbetung der hl. drei Könige, 1937
29. Wang Su-ta: Die wunderbare Brotvermehrung, 1939
30. Ch'en Yuan-tu: Das Opfer des Melchisedech, 1933
31. Wang Su-ta: Glaube, Hoffnung, Liebe, 1938
32. Hsü Chi-hua: Engel beten das Jesuskind an, 1937
33. Wang Su-ta: Streitende, leidende u. triumphierende Kirche, 1938, cf. 45
34. Ch'en Yuan-tu: Dem unbekannten Gott, 1940
35. Wang Su-ta: Kreuzigung (Pinselzeichnung), 1940
36. Lu Hung-nien: Die hl. Familie geht nach Jerusalem, 1938
37. Ch'en Yuan-tu: Ein Engel überreicht der Madonna einen Palmzweig, 1940
38. Ch'en Yuan-tu: Madonna unter der Föhre, 1938
39. Hsü Chi-hua: Maria im Halbkreis, 1937
40. Ch'en Yuan-tu: Madonna und Engel, 1939
41. Huang Chao-hsiung: Christkönig, 1938
42. Lu Hung-nien: Laternenfest, 1938, A. 171, cf. 362, 43, 89, 322
43. Lu Hung-nien: Laternenfest (Teilbild), 1938, cf. 42
44. Ch'en Yuan-tu: Der hl. Franz von Assisi und der Wolf, 1940
45. Wang Su-ta: Die streitende, leidende und triumphierende Kirche, 1938, cf. 33
46. Lu Hung-nien: Rast auf der Flucht nach Ägypten, 1940, A. 167
47. Wang Su-ta: Drei Könige beten an, 1940
48. Ch'en Yuan-tu: Jesus segnet die Kinder, 1940, A. 45
49. Ch'en Yuan-tu: Madonna im Palast, 1933

Holzmappe II

50. Wang Su-ta: Weihnacht, 1938, cf. 247
51. Hsü Chi-hua: Der hl. Theodor, 1937
52. Wang Su-ta: Kreuzigung, 1939, A. 107 u. 109, cf. 238
53. Ch'en Yuan-tu: Mater Salvatoris, 1937, A. 41, cf. 350
54. Ch'en Yuan-tu: Madonna deckt ihr Kindlein zu, 1935
55. Ch'en Yuan-tu: Madonna legt ihr Kind in die Krippe, 1938, A. 51
56. Lu Hung-nien: Verkündigung, 1936, A. 173
57. Ch'en Yuan-tu: Verkündigung, 1936, cf. 353
58. Ch'en Yuan-tu: Gethsemani, 1936
59. Ch'en Yuan-tu: Madonna und Taube, 1938, A. 43
60. Ch'en Yuan-tu: Die hl. Familie. Das Jesuskind spielt mit der Mutter, 1939

61. Wang Su-ta: Maria hat den besten Teil erwählt, 1938
62. Ch'en Yuan-tu: Jesus und die Kinder, 1935
63. Ch'en Yuan-tu: Der barmherzige Samariter, 1939
64. Ch'en Yuan-tu: Der verlorene Sohn, 1941
65. Wang Su-ta: Braut des Hl. Geistes, 1938, A. 111
66. Ch'en Yuan-tu: Weihnacht. Die Hirten und der Engel, 1937
67. Ch'en Yuan-tu: Der reiche Prasser und der arme Lazarus, 1939, A. 49
68. Ch'en Yuan-tu: Die Verklärung auf Tabor, 1941
69. Ch'en Yuan-tu: Daniel in der Löwengrube, 1941
70. Ch'en Yuan-tu: Moses schlägt Wasser aus dem Felsen, 1941
71. Ch'en Yuan-tu: Der gute Hirt, 1941
72. Ch'en Yuan-tu: Das Opfer Melchisedechs, 1941
73. Ch'en Yuan-tu: Hirten bei der Krippe, 1931, A. 55
74. Ch'en Yuan-tu: Nun entläßt Du Deinen Diener in Frieden, 1941
75. Ch'en Yuan-tu: Der Zwölfjährige im Tempel, lehrend, 1941
76. Ch'en Yuan-tu: Die hl. Familie geht nach Jerusalem, 1941
77. Ch'en Yuan-tu: Flucht nach Ägypten, 1941, A. 57
78. Ch'en Yuan-tu: Weihnacht. Engel beten an, 1941
79. Ch'en Yuan-tu: Madonna im Profil, 1941
80. Ch'en Yuan-tu: Taufe Christi, 1941
81. Ch'en Yuan-tu: Jesus am Jakobsbrunnen, 1938, A. 61
82. Ch'en Yuan-tu: Die Hochzeit zu Kanaa, 1941
83. Hsü Chi-hua: Pfingsten, 1937
84. Hsü Chi-hua: Seepredigt, 1937
85. Lu Hung-nien: Jesus am Jakobsbrunnen im Winter, 1940
86. Hsü Chi-hua: Darstellung im Tempel, 1937 A. 225
87. Ch'en Yuan-tu: Die Königin der Jungfrauen, 1940, A. 59, cf. 354
88. Ch'en Yuan-tu: Madonna stillt ihr Kind, 1940, A. 73
89. Lu Hung-nien: Laternenfest, 1938, cf. 42, 43
90. Lu Hung-nien: Ruhet ein wenig aus, 1941
91. Lu Hung-nien: Herz Jesu, 1942
92. Lu Hung-nien: Der hl. Thomas von Aquin und die Fu-Jen-Universität, 1940
93. Lu Hung-nien: Der reiche Jüngling, 1941, A. 189
94. Ch'en Yuan-tu: Die Heilung des Aussätzigen, 1941
95. Ch'en Yuan-tu: Mariä Heimsuchung, 1941
96. Ch'en Yuan-tu: Hochzeit zu Kanaa, 1941, A. 75
97. Ch'en Yuan-tu: Der Zwölfjährige im Tempel lehrend, 1940
98. Ch'en Yuan-tu: Das Opfer der Witwe, 1941, A. 77
99. Ch'en Yuan-tu: Mariä Verkündigung, 1941, A. 79

Holzmappe III

100. Ch'en Yuan-tu: Christus vor Pilatus, 1946, A. 83
101. Ch'en Yuan-tu: Der Friede sei mit Euch!, 1941, A. 81
102. Li Ming-Yüan: Flucht nach Ägypten, 1934
103. Ch'en Yuan-tu: Kreuzigung, 1938, A. 63
104. Ch'en Yuan-tu: Weihnacht. Der Engel und die Hirten, 1933, cf. 423
105. Ch'en Yuan-tu: Flucht nach Ägypten, 1933
106. Ch'en Yuan-tu: Einzug in Jerusalem unter Bäumen, 1938
107. Ch'en Yuan-tu: Flucht nach Ägypten, 1936
108. Ch'en Yuan-tu: Madonna unter dem Bambus, 1937
109. Ch'en Yuan-tu: Gethesemani, 1932
110. Ch'en Yuan-tu: Hl. Theresia vom Kinde Jesu unter der Föhre, 1938
111. Ch'en Yuan-tu: Kreuzigung, 1936
112. Ch'en Yuan-tu: Madonna unter der Weide, 1939
113. Ch'en Yuan-tu: Weihnacht. Engel beten an, 1934
114. Ch'en Yuan-tu: Maria Verkündigung, 1934
115. Ch'en Yuan-tu: Madonna im Rundfenster, 1933, A. 29
116. Ch'en Yuan-tu: Die hl. Familie. Das Jesuskind mit Buch, 1938
117. Lu Hung-nien: Der reiche Fischfang, 1936
118. Ch'en Yuan-tu: Madonna unter dem Kirschbaum, 1937
119. Ch'en Yuan-tu: Madonna in den Kirschblüten, 1939
120. Ch'en Yuan-tu: Die hl. 3 Könige, 1932
121. Ch'en Yuan-tu: Ave Maris Stella, 1932
122. Lu Hung-nien: Flucht nach Ägypten im Kahn, 1936, A. 153
123. Chan P'ung: Madonna im Schnee, 1936
124. Lu Hung-nien: Flucht nach Ägypten im Schnee, 1936
125. Lu Hung-nien: Flucht nach Ägypten unter der Platane, 1936
126. Lu Hung-nien: Flucht nach Ägypten im Hochgebirge, 1936
127. Wang Su-ta: Flucht nach Ägypten, 1936, A. 93, cf. 429
128. Wang Su-ta: Jesus wird seiner Kleider beraubt (X. Station), 1938
129. Wang Su-ta: Die hl. Familie bei der Arbeit, 1939
130. Hsü Chi-hua: Madonna in der Kirschblüte, 1936, cf. 430
131. Wang Su-ta: Madonna unter dem Kirschzweig, 1937, A. 95

132. Lu Hung-nien: Flucht nach Ägypten auf der Brücke, 1938
133. Wang Su-ta: Madonna im Kaisergarten, 1938, A. 103
134. Lu Hung-nien: Ruhe auf der Flucht, 1939
135. Hsü Chi-hua: Die hl. 3 Könige, 1932
136. Hsü Chi-hua: Seepredigt, 1935, A. 221
137. Lu Hung-nien: Gethsemani, 1936
138. Wang Su-ta: St. Augustinus, 1938
139. Wang Su-ta: Rabboni!, 1940
140. Hsü Chi-hua: Emmaus, 1937
141. Lu Hung-nien: Flucht nach Ägypten im Regen, 1939
142. Lu Hung-nien: Herbergssuche, 1938
143. Lu Hung-nien: Und ich will dir die Schlüssel des Himmelreiches geben, 1940, A 197
144. Ch'en Yuan-tu: Der verlorene Sohn, 1936, cf. 4
145. Lei Jen: Madonna, 1938
146. Lei Jen: Maria, 1940
147. Lu Hung-nien: Musizierende Engel, 1940, A. 191, cf. 164–167
148. Ch'u Tzu-lin: Schnitzwerk am Orgelkasten, 1939
149. Hsü Chi Hua: Pfingsten, 1937

Holzmappe IV

150. Ch'en Yuan-tu: Kreuzweg. 1. Station, 1935
151. Ch'en Yuan-tu: Kreuzweg. 2. Station, 1935
152. Ch'en Yuan-tu: Kreuzweg. 3. Station, 1935
153. Ch'en Yuan-tu: Kreuzweg. 4. Station, 1935
154. Ch'en Yuan-tu: Kreuzweg. 5. Station, 1935
155. Ch'en Yuan-tu: Kreuzweg. 6. Station, 1935
156. Ch'en Yuan-tu: Kreuzweg. 7. Station, 1935
157. Ch'en Yuan-tu: Kreuzweg. 8. Station, 1935
158. Ch'en Yuan-tu: Kreuzweg. 9. Station, 1935
159. Ch'en Yuan-tu: Kreuzweg. 10. Station, 1935
160. Ch'en Yuan-tu: Kreuzweg. 11. Station, 1935
161. Ch'en Yuan-tu: Kreuzweg. 12. Station, 1935
162. Ch'en Yuan-tu: Kreuzweg. 13. Station, 1935
163. Ch'en Yuan-tu: Kreuzweg. 14. Station, 1935, A. 71
164. Lu Hung-nien: Trommelengel, 1940, A. 191, cf. 147
165. Lu Hung-nien: Flötenengel, 1940, A. 191, cf. 147
166. Lu Hung-nien: Gitarrenengel ,1940, A. 191, cf. 147
167. Lu Hung-nien: Zimbalengel, 1940, A. 191, cf. 147
168. Wang Su-ta: Königin der Martyrer von Tientsin, 1941, A. 133, cf. 361
169. Wang Ch'eng-hsiang: St. Josefs Traum, 1942
170. Huang Jui-lung: Muttergottes und die Kinder, 1940
171. Wang Ch'eng-hsiang: Der hl. Josef und das Jesuskind, 1941, cf. 364, 298
172. Huang Jui-lung: Rast auf der Flucht, 1940
173. Huang Chao-hsiung: Engel und Hirten bei der Krippe, 1940
174. Wang Ch'eng-hsiang: Sehet, mein Verräter naht! 1941
175. Li Ming-Yüan: Flucht nach Ägypten auf der Brücke, 1936, A. 215
176. Huang Jui-lung: Die hl. 3 Könige kommen herab, 1938, A. 237
177. Li Ming-Yüan: Flucht nach Ägypten, 1937
178. Huang Jui-lung: Madonna, 1939, cf. 475, 239
179. Huang Chao-hsiung: Jesus am Jakobsbrunnen, 1938
180. Lu Hung-nien: Der hl. Perboyre, 1939
181. Lu Hung-nien: Adam Schall, 1939
182. Lu Hung-nien: Herz Jesu, 1940
183. Lu Hung-nien: Herz Mariä, 1945, A. 203
184. Lu Hung-nien: Der barmherzige Samaritan, 1939
185. Lu Hung-nien: Madonna am Mühlstein, 1938, A. 185
186. Wang Su-ta: Madonna und die chinesischen Martyrer (Peking 1900), 1940
187. Lu Hung-nien: Der reiche Fischfang, 1940
188. ? Die hl. 3 Könige, Teilbild, 1942
189. Lu Hung-nien: Die hl. Familie bei häuslicher Arbeit, 1941
190. Lu Hung-nien: Die hl. Familie im Hof, 1941
191. Wang Ch'eng-hsiang: Die hl. Familie, 1941
192. Lu Hung-nien: Der hl. Odoricus (1286–1331), 1940
193. Lu Hung-nien: P Freinademetz, 1940, A. 193
194. Wang Ch'eng-hsiang: Vermählung Josefs mit Maria, 1939
195. Wang Ch'eng-hsiang: Herbergssuche, 1939
196. Wang Ch'eng-hsiang: Weihnacht, 1939
197. Wang Ch'eng-hsiang: Flucht nach Ägypten, 1939
198. Wang Ch'eng-hsiang: Leben in Nazareth, 1939
199. Wang Ch'eng-hsiang: Mit dem Knaben Jesus nach Jerusalem, 1939

200. a Wang Ch'eng-hsiang: Der Knabe Jesus im Tempel, 1939

200. b Wang Ch'eng-hsiang: St. Josefs Tod, 1939

Holzmappe V

201. Ch'en Yuan-tu: Hl. Theresia vom Kinde Jesu, 1938

202. Lu Hung-nien: Madonna im Wasserkiosk, 1936
203. Wang Su-ta: Madonna mit den vielen Engeln, 1937, A. 91, cf. 360
204. Lu Hung-nien: Verkündigung bei Kerzenlicht, 1937
205. Wang Ch'eng-hsing: Jakobs Traum, 1936
206. Wang Su-ta: Christuskopf, 1938, A. 117
207. Lu Hung-nien: Der barmherzige Samariter, 1939, A. 169
208. Hsü Chi-hua: Verkündigung, 1937
209. Wang Su-ta: Die hl. Familie unter dem Kirschbaum, 1938
210. Hsü Chi-hua: Geißelung, 1936, cf. 357
211. Lu Hung-nien: Hl. Familie, 1937
212. Wang Su-ta: Noli me tangere, 1937, A. 97 cf. 31
213. Hsü Chi-hua: Das letzte Abendmahl, 1936
214. Lu Hung-nien: Herbergssuche, 1938, A. 157
215. Wang Su-ta: Wunderbare Brotvermehrung, 1940, A. 101
216. Ch'en Yuan-tu: Madonna auf Bambusstuhl, 1935
217. Ch'en Yuan-tu: Der barmherzige Samariter, 1938
218. Ch'en Yuan-tu: Kasette mit Madonna (aus rotem Lack), 1940
219. Ch'en Yuan-tu: St. Franz Xavers' Tod, 1935, A. 33
220. Hsü Chi-hua: St. Philippus und der Kämmerer, 1935
221. Lu Hung-nien: Madonna, 1940
222. Hsü Chi-hua: Der Auferstandene erscheint seiner Mutter, 1935
223. Hsü Chi-hua: Der Auferstandene und Maria Magdalena, 1937
224. Lu Hung-nien: St. Josef kehrt von der Arbeit heim, 1939
225. Wang Su-ta: Die Unbefleckte mit gesenkten Händen, 1940
226. Hsü Chi-hua: Die Hochzeit zu Kanaa, 1935, A. 219
227. Lu Hung-nien: Die Flucht nach Ägypten in Sturm und Regen, 1938, A. 155
228. Wang Su-ta: Patronin Chinas, 1938, cf. 356
229. Wang Su-ta: Flucht nach Ägypten, 1940, A. 99
230. Lu Hung-nien: Madonna beim Wäschewaschen, 1939, A. 179
231. Lu Hung-nien: Die Herbergssuche, 1941, A. 159
232. Ch'en Yuan-tu: St. Petrus, 1935
233. Ch'en Yuan-tu: Madonna im Bambus, 1936
234. Ch'en Yuan-tu: Die Unbefleckte mit 11 Engeln, 1933
235. Ch'en Yuan-tu: Das letzte Abendmahl, 1938 A. 65, cf. 358
236. Lu Hung-nien: Die Flucht nach Ägypten. Josef frägt den Weg, 1939, A. 183
237. Wang Su-ta: St. Paulus in Athen, 1940
238. Wang Su-ta: Kreuzigung, 1940, cf. 52
239. Hsü? : Madonna unter dem Bananenstrauch
240. Ch'en Yuan-tu: Verkündigung, 1932
241. Ch'en Yuan-tu: Die heiligste Dreifaltigkeit, 1936, A. 35
242. Ch'en Yuan-tu: Madonna, 1940, A. 67
243. Ch'en Yuan-tu: Weihnacht. Engel und Hirten, 1933, A. 39
244. Ch'en Yuan-tu: Die hl. Familie. Engel kommen gratulieren, 1934, A. 31
245. Ch'en Yuan-tu: Weihnacht mit Kuh und Kalb, 1938
246. Wang Su-ta: Das Jesuskind spielt mit einem Kreuz, 1938
247. Wang Su-ta: Weihnacht, 1938, cf. 50
248. Wang Su-ta: Anbetung . Die 3 Könige, 1940, cf. 359
249. Lu Hung-nien: Weihnacht in der Grotte, 1941, A. 187

Holzmappe VI

250. Li Ming-Yüan: Madonna, 1937
251. Wang Su-ta: Verkündigung, 1942
252. Wang Su-ta: Die hl. Familie bei der Arbeit, 1940, A. 121 u. 123
253. Lu Hung-nien: Geht in die ganze Welt, 1942, cf. 355
254. Wang Su-ta: Kreuzigung, 1940, A. 131
255. Lu Hung-nien: Engel und Hirten, 1937, A. 165, cf. 367
256. Lu Hung-nien: Weihnacht. Krippenbereitung, 1941, A. 175
257. Wang Su-ta: Geheime Offenbarung, 1940
258. Huang Jui-lung: Die Suche der 3 Könige nach Bethlehem, 1939
259. Wang Su-ta: Erzengel Michael, 1938, cf. 366
260. Wang Su-ta: Auferstehung, 1937, cf. 365
261. Lu Hung-nien: Maria Himmelfahrt, 1937, A. 163, cf. 323; 368
262. Ch'en Yuan-tu: Weihnacht mit Esel, Ziege und Schaf, 1935, A. 53
263. Ch'en Yuan-tu: Pfingsten, 1939, A. 69
264. Lu Hung-nien: Christus klopft an, 1940, A. 177
265. Lu Hung-nien: Maria und Jesuskind füttern Tauben, 1940, A. 181
266. Lu Hung-nien: Maria, 1939
267. Huang Jui-lung: Tempelgang Mariens, 1939, A. 235
268. Li Ming-Yüan: Hl. Familie, 1936
269. Li Ming-Yüan: Madonna, 1937
270. Wang Ch'eng-hsiang: Hl. Familie, 1940

271. Wang Ch'eng-hsiang: Weihnacht. Flucht nach Ägypten im Kahn, 1941
272. Huang Chao-hsiung: Christkönig, 1940
273. Li Ming-Yüan: Weihnacht mit Hirten, 1936
274. ? Flucht nach Ägypten, –
275. Lei Jen: Die hl. Familie, 1938
276. Chang Ch'i-yi: Vögel im Winter. Weihnacht, 1939
277. Chang Ch'i-yi: Sommer, 1939
278. Chang Ch'i-yi: Frühling, 1939
279. Chang Ch'i-yi: Herbst, 1939
280. Chang Ch'i-yi: Sommerblumen, 1939
281.a Chang Ch'i-yi: Bambus, 1939
281.b Chang Ch'i-yi: Bambus, 1939
282. Chang Ch'i-yi: Chinesische Lilien, 1939
283. Wang Ch'eng-hsiang Engel und Hirten bei der Krippe, 1940
284. Lu Hung-nien: Engel lesen mit dem Jesuskind Früchte auf, 1941
285. Li Ming-Yüan: Hirten bei der Krippe, 1938
286. P'u Ch'üan: Madonna, 1940
287. Ch'en Yuan-tu: Rosenkranzkönigin, 1939
288. Wang Ch'eng-hsiang: Die hl. Familie bei der Arbeit, 1941
289. Huang Jui-lung: Versuchung Christi, 1939
290. Huang Jui-lung: Flucht nach Ägypten, 1939
291. ? Madonna im Mondenschein, 1938
292. Wang Su-ta: Kreuzweg. 4. Station, 1938
293. Ch'en Yuan-tu: Den Weizen aber sammelt in meine Scheune, 1942
294. Huang Jui-lung: Die rote Madonna, 1942, A. 239, cf. 363
295. Lu Hung-nien: Der reiche Fischfang, 1940
296. Wang Ch'eng-hsinag: Fang der 153 Fische 1941, A. 231
297. Wang Ch'eng-hsiang: Herr, bleibe bei uns, 1941, A. 229
298. Wang Ch'eng-hsiang: St. Josef und das Jesuskind, 1941, cf. 364; 171
299. Lu Hung-nien: Geht hin in alle Welt, 1940, A. 195

Holzmappe VII

300. Wang Su-ta: Verkündigung, 1942, A. 135
301. Lu Hung-nien: Madonna mit Weidenzweigen, 1937, A. 207
302. Wang Su-ta: Kreuzigung mit beiden Schächern, 1939
303. Lu Hung-nien: Krönung Mariens, 1940
304. Lu Hung-nien: Madonna mit Magnolien, 1940
305. Lu Hung-nien: Rabboni!, 1941, A. 205
306. Wang Su-ta: Weihnacht. Hl. Familie, 1944, A. 124
307. Wang Su-ta: Hirten vor der Krippe, 1944, A. 124
308. Lu Hung-nien: Herbergssuche mit verschneitem Bambus, 1942, A. 161 W
309. Ch'en Yuan-tu: Der Engel Königin, 1940, A. 85
310. Wang Su-ta: Mariä Himmelfahrt, 1941, A. 141
311. ? St. Josef, Schutzpatron
312. Lu Hung-nien: Weihnacht, 1944
313. Wang Su-ta: Die Unbefleckte mit gefaltenen Händen, 1942
314. Lu Hung-nien: St. Josef (Teilbild aus Nr. 312), 1944
315. Lu Hung-nien: Madonna. Teilbild aus Nr. 312, 1944
316. Wang Su-ta: Bergpredigt (Pinselzeichnung), 1941
317. Wang Su-ta: Bergpredigt, 1941
318. Wang Su-ta: Bergpredigt, 1941
319. Wang Su-ta: Bergpredigt (Teilbild aus Nr. 317), 1941
320. Wang Su-ta: St. Josef, der Zimmermann, 1942, A. 147
321. Lu Hung-nien: Engelmadonna, 1949, cf.478
322. Lu Hung-nien: Laternenfest, 1937, cf. 42; 43; 322; 362
323. Lu Hung-nien: Mariä Himmelfahrt, 1937, cf. 368; 261
324. Wang Su-ta: Laßt die Kleinen zu mir kommen!, 1942
325. P'u Chin, Lu Hung-nien, Bei Li-nai: Sinicum-Altar, 1948, A.211 cf. 327
326. Wang Su-ta: Die hl. 3 Könige, 1945, A., 145
327. Lu Hung-nien: Sinicum Immaculata, 1948, A. 211, cf. 325
328. Lu Hung-nien: Weihnacht, Engel und Hirten, 1940
329. Lu Hung-nien: Hirten steigen zur Krippe hinauf, 1947
330. Lu Hung-nien: Maria. Ein Engel reicht Lilien, 1949
331. Wang Su-ta: Weihnacht, 1938, cf. 336
332. Tseng Tsung-chün: Jesus und die Kinder (Aquarell), 1948
333. Wang Su-ta: Weihnacht. Engel und Ochs wärmen das Jesuskind, 1947

Holzmappe VIII

334. Wang Su-ta: Verkündigung, 1946
335. Wang Su-ta: Heimsuchung, 1946
336. Wang Su-ta: Weihnacht, 1946, cf. 331

337. Wang Su-ta: Darstellung im Tempel, 1946
338. Wang Su-ta: Der 12jährige Jesus im Tempel, 1946
339. Wang Su-ta: Gethsemani, 1947
340. Wang Su-ta: Geißelung Christi, 1947
341. Wang Su-ta: Verspottung Christi, 1947
342. Wang Su-ta: Kreuztragung, 1947
343. Wang Su-ta: Kreuzigung, 1947
344. Wang Su-ta: Der Auferstandene und seine Mutter, 1948
345. Wang Su-ta: Christi Himmelfahrt, 1948
346. Wang Su-ta: Pfingsten, 1948, A. 143
347. Wang Su-ta: Mariä Himmelfahrt, 1948
348. Wang Su-ta: Krönung Mariens, 1948
349. Wang Su-ta: Die Rosenkranzkönigin, 1948

Holzmappe IX

350. Ch'en Yuan-tu: Mater Salvatoris (Farbdruck Peking), 1937, cf. 53
351. Wang Su-ta: Hl. Familie bei der Mahlzeit (Farbdruck, Peking), 1938, A. 127
352. Wang Su-ta: Dreifaltigkeit (Farbdruck, Peking 1940), 1938
353. Ch'en Yuan-tu: Verkündigung (Farbdruck, Peking), 1935, cf. 57
354. Ch'en Yuan-tu: Königin der Jungfrauen (Farbdruck), 1940, cf. 87
355. Lu Hung-nien: Geht hin in alle Welt, 1942, cf. 253
356. Wang Su-ta: Patronin Chinas(Farbdruck, Peking), 1940, A. 113 115, cf. 228
357. Hsü Chi-hua: Geißelung (Farbdruck, Peking), 1936, cf. 210
358. Ch'en Yuan-tu: Das letzte Abendmahl (Farbdruck, Peking), 1938, cf. 235
359. Wang Su-ta: Anbetung. Die 3 Könige (Farbdruck, Peking), 1940, A. 137, cf. 248
360. Wang Su-ta: Madonna mit den vielen Engeln (Farbdruck, Peking), 1937, cf. 203
361. Wang Su-ta: Königin der Martyrer von Tientsin (Farbdruck, Peking), 1941, cf. 168
362. Lu Hung-nien: Lampenfest (Farbdruck, Peking), 1938–39, cf. 42;322
363. Huang Jui-lung: Rote Madonna (Farbdruck, Peking), 1942, cf. 294
364. Wang Ch'eng-hsiang: Hl. Josef und Jesusknabe (Farbdruck, Peking), 1941, cf. 171; 298
365. Wang Su-ta: Auferstehung (Farbdruck, Peking), 1937, A. 119, cf. 260
366. Wang Su-ta: Erzengel Michael (Farbdruck, Peking), 1938, A. 139, cf. 259
367. Lu Hung-nien: Weihnacht. Engel und Hirten (Farbdruck, Peking,) 1937, cf. 255
368. Lu Hung-nien: Mariä Himmelfahrt (Farbdruck, Peking), 1937, cf. 261; 323

Holzmappe X

(Die Bilder dieses Bandes sind alle von Malern der Protestantischen Mission)

369. Tai Ma-tai: Das königliche Hochzeitsmahl.
370. ? Jesus am Jakobsbrunnen.
371. Tai Szu-ch'üan: Der arme Lazarus.
372. Tai Szu-ch'üan: Das königliche Hochzeitsmahl. 1904
373. Tai Teng: Der verlorene Sohn.
374. Tai Szu-ch'üan: Die törichten Jungfrauen.
375. Tai Szu-ch'üan: Enge Pforte und der schmale Himmelsweg.
376. Tai Ma-tai: Wer bittet, empfängt.
377. Tai Szu-ch'üan: Geht ein durch die enge Pforte.
378. Ma T'ai-min: Der verlorene Sohn hütet die Schweine.
379. Hsü San ch'un: Madonna, 1930
380. ? Fußwaschung.
381. Hsü San ch'un: 3 Könige beten an.

Holzmappe XI

382. Lu Hung-nien: Die Unfleckte mit 2 Engeln, 1949
383. Lu Hung-nien: Madonna in stilisierten Wolken, 1949
384. Lu Hung-nien: Madonna in natürlichen Wolken, 1949
385. Lu Hung-nien: Sinicum-Immaculata mit hellen Sternen, 1948
386. Wang Su-ta: Chinesische Martyrer von Peking 1900, 1940
387. Lu Hung-nien: Madonna im Blauen, 1950
388. Chiang Dao-ho: Flucht nach Ägypten (in europäischer Technik), 1948
389. Liu Yän-bin: Christi Geburt an der Quelle, 1950
390. Liu Yän-bin: Die hl. Mutter führt das Jesuskind, 1950
391. Wang Su-ta: Christi Auferstehung, 1938
392. Ch'en Yuan-tu: Einzug in Jerusalem beim Stadttor, 1940
393. Wang Su-ta: Der hl. Dominikus, 1932
394. Lu Hung-nien: Maria, 1948
395. Wang Su-ta: Die Unbefleckte (Apost. Delegatur Peking), 1940, A. 129
396. Ch'en Yuan-tu: Gethsemani, 1932

397. Lu Hung-nien: Musizierende Engel, 1940, A. 191, cf. 147; 164; 166
398. Lu Hung-nien: Maria im Föhrenhain, 1946
399. Lu Hung-nien: Madonna, 1940
400. Lu Hung-nien: Madonna und Flieder, 1936
401. Ch'en Yuan-tu: Hl. Mutter und Kind, 1932
402. Hsü Chi Hua: Judas, 1938, A. 223
403. Lu Hung-nien: Madonna im Bambushain, 1949
404. Ch'en Yuan-tu: Madonna (roter Lack), 1946
405. a Wang Su-ta: Engel bei der Geburtsgrotte
405. b Wang Su-ta: Mutter und Kind in der Grotte
406. Lu Hung-nien: Madonna, 1945
407. Wang Ch'eng-hsiang: Thronende Madonna, 1943
408. a Wang Su-ta: Gelehrte Gesellschaft, 1946
408. b Wang Su-ta: Gelehrte Gesellschaft, 1946
409. Ch'en Yuan-tu: Schachtel aus rotem Lack mit Kreuzigungs gruppe, '46
410. Lu Hung-nien: Franz von Assisi; den Vögeln predigend, 1941
411. Wang Su-ta: St. Christophorus, 1948

Holzmappe XII

412. Wang Su-ta: Madonna, 1936
413. Lu Hung-nien: Bemalte Ostereier: Abendmahl und Emmausjünger, 1939
414. Tseng Tsung-chün: Ecce Homo (Federzeichnung), 1945
415. a Wang Su-ta: Arme-Seelen-Bilder, 1945
415. b Wang Su-ta: Arme-Seelen-Bilder, 1945
416. Wang Su-ta: Jesus wird seiner Kleider beraubt, 1939
417. Wang Su-ta: Muttergottes – Kaiserin, 1938
418. Lu Hung-nien: Maria und Lilien, A. 199
419. Hsü Chi-hua: Engel bei der Krippe, 1937
420. Lu Hung-nien: Gethsemani, 1938
421. Ch'en Yuan-tu: Madonna, 1935
422. Ch'en Yuan-tu: Die hl. 3 Könige, Engel und Hirten, 1934
423. Ch'en Yuan-tu: Weihnacht. Der Engel und die Hirten, 1933, cf. 104
424. Ch'en Yuan-tu: Die Unbefleckte in den Wolken, 1932
425. Ch'en Yuan-tu: Madonna über dem Meere, 1932
426. Lu Hung-nien: Schweizer „Verkündigung" 1949, A. 209
427. Lu Hung-nien: Madonna am Fenster, 1936
428. Wang Su-ta: Madonna im Palast, 1937, A. 103
429. Wang Su-ta: Flucht nach Ägypten, 1937, cf. 126
430. Hsü Chi-hua: Madonna in der Kirschblüte, 1936, cf. 130
431. Hsü Chi-hua: Die 3 Könige, 1932
432. Lu Hung-nien: Madonna (Detail), 1938
433. Ch'en Yuan-tu: Maria betet an, 1930
434. Lu Hung-nien: Herz Jesu, 1946
435. Lu Hung-nien: Herz Mariä mit blumigen Hintergrund, 1946
436. Wang Su-ta: Weihnacht, 1935
437. Wang Su-ta: 3 Könige, 1943, cf. 441
438. Wang Su-ta: Bergpredigt, 1943, cf. 444
439. Wang Su-ta: Kreuzigung, 1943, cf. 448
440. Wang Su-ta: Christi Geburt
441. Wang Su-ta: Anbetung der 3 Weisen, cf. 437
442. Wang Su-ta: Taufe Christi
443. Wang Su-ta: Das Töchterlein des Jairus
444. Wang Su-ta: Die Bergpredigt, cf. 438
445. Wang Su-ta: Die Heilung des Gelähmten
446. Wang Su-ta: Die Aussendung der Apostel
447. Wang Su-ta: Krankenheilungen
448. Wang Su-ta: Die Kreuzigung, cf. 439
449. Wang Su-ta: Die Auferstehung
450. Wang Su-ta: Die Himmelfahrt
451. Wang Su-ta: Die Sendung des Hl. Geistes
452. Wang Su-ta: Die Einsetzung des Bußsakramentes
453. Wang Su-ta: Die Einsetzung der hl. Eucharistie
454. Wang Su-ta: Die Berufung der Apostel
455. Wang Su-ta: Die heiligste Dreifaltigkeit
456. Wang Su-ta: Die Erschaffung der Welt
457. Wang Su-ta: Die Erschaffung des Mannes
458. Wang Su-ta: Die Sintflut
459. Wang Su-ta: Der Vorrang des Petrus
460. Wang Su-ta: Die Gemeinschaft der Heiligen
461. Wang Su-ta: Der Himmel
462. Wang Su-ta: Der reiche Jüngling
463. Wang Su-ta: Der verlorene Sohn
464. Wang Su-ta: Moses empfängt die zehn Gebote
465. Wang Su-ta: Das Opfer Abrahams
466. Wang Su-ta: Die Verleugnung Petri
467. Wang Su-ta: Der Sabbatbrecher wird gerichtet
468. Wang Su-ta: Die hl. Familie in Nazareth
469. Wang Su-ta: Die unschuldigen Kinder
470. Wang Su-ta: Maria Magdalena
471. Wang Su-ta: Judas protestiert wegen Magdalena
472. Wang Su-ta: Das ungerechte Urteil des Pilatus
473. Wang Su-ta: St. Johannes tadelt Herodes
474. Wang Su-ta: Der reiche Tor
475. Hsing Lien-fang: Madonna im Frühling, 1938, cf. 178
476. Lu Hung-nien: Immaculata im Lackrahmen, stehend, 1944, A. 201
477. Lu Hung-nien: Engel mit gekreuzten Händen, 1948
478. Lu Hung-nien: Engelmadonna, 1948, cf. 321
479. Lu Hung-nien: Engel mit gefalteten Händen, 1948

Veröffentlichungen des Siebenberg-Verlags

2500 Jahre Buddha und Buddhismus. Ausstellung in Frankenau. Mai – Oktober 1956.
Frankenau: Siebenberg Verlag 1956. 27 S.

Asien-Berichte. Vierteljahresschrift für asiatische Geschichte und Kultur.
Wien, Peking: Siebenberg-Verlag 1940–1944.

Baum, Herbert (Vorr.): *Der Wildunger Altar des Konrad von Soest*.
[Bad Wildungen:] Siebenberg-Verlag 1966. 20 Bl. (Siebenberg-Faltbuch 4.)
2. Aufl. 1979.

Becker, Otto: *Deutsch-japanische Annäherungsversuche vor dem Ersten Weltkrieg*.
Wien, Peking: Siebenberg-Verlag 1943. S. 17–31
Sonderdruck aus Asien-Berichte

Berichte des Asien-Arbeitskreises. Hrsg. Reichsstudentenführung, Außenamt.
Wien, Peking: Siebenberg Verlag 1939.
Fortsetzung: *Asien-Berichte*. 1940–1944.

Bleichsteiner, Robert: *Heldenlieder der Daghestanvölker*.
Wien: Siebenberg-Verlag 1942. S. 9–22
Sonderdruck aus: Asien-Berichte.

Bleichsteiner, Robert; W. A. Unkrig, W. Heissig: *Wörterbuch der heutige mongolischen Sprache mit kurzem Abriß der Grammatik und ausgewählten Sprachprobe*.
Wien, Peking: Siebenberg-Verlag 1941. 135 S.

Bleichsteiner, Robert: *Zum eurasiatischen Tierstil. Verbindungen zwischen West und Ost*.
Wien: Siebenberg-Verlag 1939
Aus Berichte des Asien-Arbeitskreises, H. 2.

Blüten aus dem Senfkorngarten.
Frankenau: Siebenberg-Verlag 1962. 10 Bl.
(Siebenberg-Faltbuch 1.)

Dučić, Jovan: *Die blauen Legenden* übersetzt und herausgegeben von Otto Vicenzi.
Wien: Siebenberg-Verlag [Frankenau/Hessen]: [Exner in Komm.] 1948. 74 S.

Engels, Erich: *Mutter Erde Gute Erde*. Ein Buch von chinesischer Landschaft.
Wien, Peking: Siebenberg-Verlag 1939. 31 Bl.

Erdberg, Eleanor von: *Ancient Chinese bronzes: terminology and iconology*.
Bad Wildungen: Siebenberg-Verlag 1993. 227 S.

Erdberg, Eleanor von: *Der strapazierte Schutzengel. Erinnerungen aus drei Welten*.
Waldeck: Siebenberg-Verlag 2002. 412 S.

Erdberg, Eleanor von: *Zur Kunst Ostasiens. Schriften und Vorträge*.
Waldeck: Siebenberg-Verlag 1998. 362 S.

Das erste Grün des Frühlings. Farbholzschnitte von Kunisada und Kuniyoshi. Eingeleitet von Werner Speiser.
Bad Wildungen: Siebenberg-Verlag 1964. Leporello. (Siebenberg-Faltbuch 5.)

Exner, Walter, Peter Kenyeres, Erich Plachner: *Der Bernhardi-Altar im Stift Zwettl.*
Bad Wildungen: Siebenberg-Verlag 1981. Leporello (19 S.)
(Siebenberg-Faltbuch 7.)

Exner, Walter: *Als Peking noch ummauert war: Erlebtes und Gehörtes.*
Waldeck: Siebenberg-Verlag 1996. 116 S.

Exner, Walter: *Der von der Vogelweide. Bemerkungen zur Walther-Forschung.*
Bad Wildungen: Siebenberg-Verlag 1997. 126 S.

Exner, Walter: *Die Venus von Willendorf: ein steinzeitliches Fruchtbarkeitsidol?* 2. Aufl.
Waldeck: Siebenberg-Verlag 1999. 20 S.
5. Ausg. 2009. 23 S.

Exner, Walter: *Surimono. Kostbarkeiten japanischer Druckkunst.*
Bad Wildungen: Siebenberg-Verlag 143 S. 4°

Exner, Walter: *Tokaido – das Hauptwerk Hiroshiges.*
Frankenau/Hessen: Siebenberg-Verlag in Komm. 1961. 32 S.
(Ost-West-Begegnung 5.)

Exner, Walter: *Der Himmelstempel von Peking. Der letzte babylonische Stufentempel.*
Waldeck: Siebenberg-Verlag 1999. 34 S.
(Geokultur.)

Exner, Walter: *Hiroshige.* Mit einem Vorwort von Werner Speiser.
Bad Wildungen: Siebenberg-Verlag 1979. 117 S.

Exner, Walter: *Moai. Osterinsel-Bautasteine. Wikinger in der Südsee?*
Waldeck: Siebenberg-Verlag 2002. 28 S. (Geokultur.)

Exner, Walter: *Philipp Nicolai: himmlisches Verlangen – irdisches Begehren*. Seine beiden „Waldeck“-Lieder „Wie schön leuchtet der Morgenstern“, „Wachet auf, ruft uns die Stimme“.
Waldeck: Siebenberg-Verlag 1993.
2. erw. Aufl. 1999

Exner, Walter: *Wäre unvergänglich doch die Welt*. Ogura Hyakunin isshu, d. berühmte Sammlung „Die hundert Gedichte“ aus d. alten Japan zusammengest. um das Jahr 1235 von Fujiwara no Sadaie. Neu übertragen von Walter Exner. Mit einem Geleitwort von Shinzoo Ootsuka .
Bad Wildungen: Siebenberg-Verlag 1982. 162 S.

Exner, Walter: *Dörben Oirat gadar-i jiruk – Die Mongolei.* Nach einer alten mongolischen Karte in gleichem Maßstab gezeichnet von Walter Exner. Peiping, Wien: Siebenberg-Verlag 1937.

Rupert Feuchtmüller: *Gotische Madonnen aus Niederösterreich.* Zwettl: Siebenberg-Verlag 1965. Faltbuch, 10 Bl.

Feuchtmüller, Rupert: *Franz Traunfellner, Mein Waldviertel*.
Zwettl, Bad Wildungen: Siebenberg-Verlag 1973. 43 S., 14 Bl.

Fujiwara Sadaie: *Kirschblüten und Ahornlaub*.
Bad Wildungen: Siebenberg-Verlag 1990.154 S.

Fujiwara Sadaie: *Die hundert Gedichte*: Eine Sammlung japan. Gedichte, zusammengestellt um 1235 / Fujiwara no Sada-ie. [Aus d. Japan. ins Dt. übertr. von Yoshiko Nambara.] 2. Aufl.
Frankenau: Siebenberg-Verlag 1963. 100 S.
1. Aufl. 1958.

Gotische Madonnen und Tafelbilder.
Zwettl, Bad Wildungen: Siebenberg-Verlag 1965. 11 Bl.
(Siebenberg-Faltbuch 6.)

Gruber, Carl: *Chinese chess*, transl. by Maria G. Ruck.
Peking: Siebenberg-Verlag 1937. 117 S.

Gruber, Karl: *Das Chinesische Schachspiel.* Einführung mit Aufgaben und Partieen.
Wien, Peking: Siebenberg-Verlag 1937. 117 S.

Gruber, Karl, Walter Exner: *Die Westlichen Kaisergräber bei Peking.*
Peiping: Siebenberg-Verlag 1937. 48 S.
Mitarbeit von Prof. Gustav Ecke, Peter Szongott und Lu Hung Nien.[69]

Hassmann-Rohlandt, Ellen: *Wie des Mondes Wandel, Tanka und Haiku.*
Bad Wildungen: Siebenberg-Verlag 1992. 128 S.

Heiler, Friedrich: *Indische Geisteswelt. Einheit in der Vielfalt. Zum Verständnis des Hinduismus und seiner Bedeutung für das Abendland.*
Frankenau: Siebenberg-Verlag 1958. 27 S.
(Ost-West-Begegnung 2.)

Heissig, Walther: *Der mongolische Kulturwandel in den Hsingan-Provinzen Mandschukuos.*
Wien, Peking: Siebenberg-Verlag 1944. 97 S.

Henry, O.: *A double-dyed deceiver, and other America short stories.*
Wien: Siebenberg-Verlag, Frankenau, Bez. Kassel: [Asien-Bücherei] 1949. 80 S.

Hildebrandt, Rolf: *In Banditenhand.*
Peking, Wien: Siebenberg-Verlag 1938. 53 S.

Hiroshige: *Japanische Landschaftsbilder.*
Frankenau: Siebenberg-Verlag 1952. 45 S.

69 Frdl. Hinweis von Frau Renate Jährling (StuDeO).

Hiroshige: *Sechs Kristallflüsse aus Japan.*
Bad Wildungen: Siebenberg-Verlag 1969. 12 Bl.
Neuaufl.: Eingeleitet und beschrieben von Walter Exner. 1999. 24 S.

Hiroshige: *Sehenswürdigkeiten von Edo.* Aus der Folge „Hundert Sehenswürdigkeiten von Edo". Farbholzschnitte.
Frankenau: Siebenberg-Verlag 1963. 11 Bl.
(Siebenberg-Faltbuch 3.)

Huppertz, Josefine: *Begegnung zweier Welten. Aus den Anfängen der Steyler Missionsgesellschaft in Deutsch-Neuguinea ab 1896.*
Waldeck: Siebenberg-Verl. 1998. 260 S.

Huppertz, Josefine: *Andreas Lommel: Erforscher australischer Aborigines und Bewahrer bedeutender Felsmalereien zum 85. Geburtstag.*
Waldeck: Siebenberg-Verlag 2002. 18 S.
(Geokultur.)

Huppertz, Josefine: *Lebensraum Ozeanien und die berühmten Grabanlagen der Osterinsel.*
Waldeck: Siebenberg-Verlag 2001. 28,6 S.

Huppertz, Josefine: *Carl Troll zum 100. Geburtstag.*
Waldeck: Siebenberg-Verlag 2002. 34 S.
(Geokultur.)
1. Ausg. 1999.

Huppertz, Josefine: *Das Weltbild des 21. Jahrhunderts – entdeckt schon im Paläolithikum?*
Waldeck: Siebenberg-Verlag 2002. 47 S.
(Geokultur.)

Huppertz, Josefine: *Innerasien und Rapa Nui, die Osterinsel. Ein unterschätztes Phänomen in Bezug auf eurasisch-pazifische Kulturbeziehungen.*
Waldeck: Siebenberg-Verlag 1997. 27 S.(Geokultur.)

Janzen, Helga: *Schattenmacher. Die Angst der Frauen in der Kirche.*
Bad Wildungen: Siebenberg-Verlag 1989. 223 S.

Kanellopulos, Panagiotes: *Hyperion und der neugriechische Geist: Dichtung und Wahrheit im heutigen Griechenland.*
Frankenau/Hessen: Siebenberg-Verl. in Komm. 1959. 40 S.
(Ost-West-Begegnung 3.)

Kucher, Walter: *Tibet – Land, Volk, Geschichte, Kultur.* Zur Ausstellung „Sieben Jahre in Tibet" im Asien-Institut 1959. Mit einem Vorwort von Heinrich Harrer.
Frankenau/Hessen: Siebenberg-Verlag in Komm.1959. 44 S.
(Ost-West-Begegnung 4.)

Kümmel, Therese, Heinrich Harrer: *Sieben Jahre in Tibet. Heinrich Harrer stellt aus.* [Ausstellungskat.] / [Therese Kümmel]. Mit Vorw. von Heinrich Harrer. Hrsg. vom Asien-Inst., Frankenau. Zeichn.: Otto Brinckmann.
Frankenau: Siebenberg Verlag 1959. 27 S.

Kümmel, Therese: *Chinesisches Porzellan aus der Zeit der Mandschu-Dynastie: Sammlung Exner.* Ausstellung im Asien-Institut Frankenau, Mai – September 1960.
Frankenau: Siebenberg-Verlag 1960. 30 S.

Kuniyoshi: *Frauen und Helden.*
Frankenau: Siebenberg-Verlag 1963. 11 S.
(Siebenberg-Faltbuch 2.)

Lamparter, Helmut: *Das Buch Hiob*. In der Übertragung von H. Lamparter. Mit 38 Weißschnitten von den Originalplatten von Kurt Passon.
Frankenau/Hessen: Siebenberg-Verlag 1962. 105 S.

Lauer-Below, Erica: *Winzige Kiesel: Haiku*.
Bad Wildungen: Siebenberg-Verlag 1986. 96 S.

Rachholz, Inge; Gottfried Riedl: *Ferdinand Raimunds Märchenwelt unseren Kindern nacherzählt*.
Bad Wildungen: Siebenberg-Verlag 1993. 143 S.

Rottauscher, Anna: *Ritter, Dichter, Frauen, Schelme. Ein Querschnitt durch die japanische Vergangenheit*. Wien, Peking: Siebenberg-Verlag 1943. 47 S.

Schmetzer, Maria: *Wünsche, Träume, Wirklichkeiten*.
Wien: Siebenberg-Verlag, [Frankenau/Hessen]: [Asien-Bücherei in Komm.] 1947. 69 S.

Schnitger, Frederic Martin: *Schiffahrt und Neolithikum in Indonesien*.
Wien: Siebenberg-Verlag 1942. 13 S.
Aus: Asien-Berichte 4.

Speiser, Werner: *Kuniyosh*i.
Bad Wildungen: Siebenberg-Verlag, Braunschweig: Klinkhardt u. Biermann [in Komm. 1969. 132 S. 4°

Szalek, Benon Zbigniew: *Das etruskische Rätsel*: agalētora ...
Waldeck: Siebenberg-Verlag 2004. 33 S.

Szalek, Benon Zbigniew: *Die Inschrift auf dem Diskus von Phaistos*.
Waldeck: Siebenberg-Verlag 1999. 20, 31 S.

Szalek, Benon Zbigniew: *Osterinsel- und Industalschriften. Entzifferung und Interpretation mit Hilfe des Drawidischen.*
Waldeck: Siebenberg-Verlag 1997. 10, 28 S.
(Geokultur.)

Szalek, Benon: *Die Hieroglyphen Kretas.*
Waldeck: Siebenberg-Verlag 2001. 43 S.
(Geokultur.)

Szalek, Benon: *Die quasihieroglyphischen Inschriften aus Biblos.*
Waldeck: Siebenberg-Verlag 2002. 36 S.
(Geokultur.)

Szalek, Benon: *Parallele Welten – Mohenjo Daro – Osterinsel.*
Waldeck: Siebenberg-Verlag 2000. 37 S.
(Geokultur.)

Szalek, Benon: *Die frühdrawidische Herkunft der Osterinsel- und Industal-Schrift.* Ein Reich von „vier Völkern und einer Sprache“ im vorgeschichtlichen Eurasien?
Waldeck: Siebenberg-Verlag 1998. 22 S.
(Geokultur.)

Tamaru Noriyoshi: *Die geistige Situation des modernen Japan.* Vortrag zur Eröffnung der Japan-Woche, Marburg 1957.
Frankenau: Siebenberg-Verlag in Komm. 1958. 23 S.
(Ost-West-Begegnung 1.)

Tschonkadze, Daniel: *Die Burg von Surami.* Roman. Aus dem Georgischen übertragen von Robert Bleichsteiner.
Wien/Peking: Siebenberg-Verl. [Frankenau/Hessen: Exner in Komm.] 1947. 93 S.

Werner, Sascha: *Das Herz ist das Ziel. Tanka und Haiku.*
Lehrte: Siebenberg-Verlag 2016. 80 S.

Zimmermann, Emmy: *O wunderschön ist Gottes Erde. Tante Emmys hessisches Bilderbuch.* Mit einem Nachwort von Rainer Zimmermann.
Bad Wildungen: Siebenberg-Verlag 1991. 46 S.

Zimmermann, Rainer: *Ars und Artistik. Kunst und Virtuosität am Beispiel der klassischen Musik.*
Waldeck: Siebenberg-Verlag 2002. 24 S.
(Geokultur.)

Zimmermann, Rainer: *Das Erscheinen des Sonnengottes. Ein Beitrag zur Bestimmung der „Erstzeit" und zum Verständnis mythischen Denkens.*
Waldeck: Siebenberg-Verlag 2002. 48 S.
(Geokultur.)

Zimmermann, Rainer: *Imbi ist Hucze!* [vier Anmerkungen zur Archäologie der Biene]
Waldeck: Siebenberg-Verlag 2002. 18 S.
(Geokultur.)

Zimmermann, Rainer: *Das Ende der „Höhlenkunst": Tierdarstellungen der Altsteinzeit*; kritische Bemerkungen zu den prähistorischen Höhlenzeichnungen nach Entdeckung der Grotte Chauvet.
Waldeck: Siebenberg-Verlag 1996. 25 S.
(Geokultur.)

Bibliographie

Bornemann, Fritz: *Ars Sacra Pekinensis. Die chinesisch-christliche Malerei an der Katholischen Universität (Fu Jen) in Peking.* Mödling bei Wien: Missionsdruckerei St. Gabriel 1950. 239 S.

Brückner, Berchmans Franz: Die Sammlung chinesisch-christlicher Bilder in 12 Holzmappen.
Verbum SVD 7.1965, 247–254

Elia, Pasquale M. d': *Le origini dell'arte cristiana cinese (1583–1640).* Roma: Reale Accademia d'Italia 1939. 136 S.

Laufer, Berthold: Christian art in China. *Mitteilungen des Seminars für Orientalische Sprachen in Berlin. 1. Abt.* 13.1910, 100–118, 20 Abb.

Leeb, Leo: Abschied von Peking 1948/1949. Aus dem Tagebuch des österreichischen Ordensmanns und Malers Berchmans Brückner SVD.
China heute 36.2017, 245–257

Auf Wiedersehen Peking. Biele, Beiping 别了北平. *Der österreichische Ordensbruder und Maler Berchmans Brückner im Jahr 1949.*
Hrsg. Leo Leeb.
Beijing: Xinxing 新星 New Star 2017. 219 S.

Mostra d'arte missionaria. Catalogo. Città del Vaticano: Comitato centrale per l'Anno Santo 1950. 77 S.

Rzepkowski, Horst: Ars Sacra Pekinensis. Geschichte und Diskussion eines Versuchs.
Den Fremden verstehen. Hrsg. von Theo Sundermeier.
Gütersloh: Gerd Mohn 1992, 119–161
(Studien zum Verstehen fremder Religionen 5.)

Rzepkowski, Horst: Die Kreuzesdarstellung der „Ars Sacra Pekinensis“ von Wang Su-ta.
Zeitschrift für Mission 18.1992,170–179

Schüller, Sepp: *Die Geschichte der christlichen Kunst in China.* Berlin: Klinkhardt & Biermann 1940. 163 S. (Bücherei des Kunstsammlers Bd. 2.)

Schüller, Sepp: *Neue christliche Malerei in China. Bilder und Selbstbiographien der bedeutendsten christlich-chinesischen Künstler der Gegenwart.* Düsseldorf: Mosella-Verlag 1940. 96 S.

Steyler Missionare Apostolat Zeitschriften (Hrsg.): *Mit Arnold Janssen beten. Die Geheimnisse des Rosenkranzes.*
Nettetal: Steyler Verlag 1987. 64 S.

Thiel, J. F. (Hrsg.): *Die Begegnung Chinas mit dem Christentum.* Ausstellung christliches Kunstschaffen in China 21. Mai bis 31. Oktober 1980. St. Augustin 1980. 64 S.

Register

Die chinesischen Namen werden nach der Pinyin-Form sortiert.